U0692102

公司治理
及案例分析

郑登津◎著

人民邮电出版社

北 京

图书在版编目（ＣＩＰ）数据

公司治理及案例分析 / 郑登津著. -- 北京：人民
邮电出版社，2024.9
（管理会计能力提升与企业高质量发展系列）
ISBN 978-7-115-64390-2

Ⅰ. ①公… Ⅱ. ①郑… Ⅲ. ①公司－企业管理 Ⅳ.
①F276.6

中国国家版本馆CIP数据核字(2024)第093298号

内 容 提 要

公司治理关乎公司的顶层设计，是现代企业无法忽视的制度安排理论。加强和完善公司治理是实现企业可持续发展的必由之路。

本书结合中国资本市场的前沿政策和实务案例，对公司治理进行了较全面的理论论述和案例分析。首先，本书介绍了公司治理的内涵和主要问题，并对内部治理机制和外部治理机制进行了重点分析。其次，在新时代的背景下，公司治理也发生了变化，所以本书进一步分析了公司治理的新问题、新矛盾及创新治理机制。最后，本书对财务信息如何助力公司治理决策进行了详细的分析。总之，本书不仅可以让读者掌握公司治理的经典理论、前沿政策和案例，也有利于相关人员解决公司治理的实际问题，以提高公司治理效率和企业价值。

本书适合企业管理者阅读，也适合从事管理会计、财务管理、财务会计工作的读者以及高等院校相关专业的师生阅读和学习。

- ◆ 著　　　　郑登津
　　责任编辑　刘　姿
　　责任印制　周昇亮
- ◆ 人民邮电出版社出版发行　　北京市丰台区成寿寺路 11 号
　　邮编　100164　　电子邮件　315@ptpress.com.cn
　　网址　https://www.ptpress.com.cn
　　北京天宇星印刷厂印刷
- ◆ 开本：700×1000　1/16
　　印张：16.25　　　　　　　　2024 年 9 月第 1 版
　　字数：233 千字　　　　　　2025 年 7 月北京第 3 次印刷

定价：69.80 元

读者服务热线：(010)81055296　印装质量热线：(010)81055316
反盗版热线：(010)81055315

管理会计能力提升与企业高质量发展系列图书
编委会

序

▼
▼

　　管理会计师对于企业的财务健康至关重要，他们不仅是价值的守护者，更是价值的创造者。随着企业可持续发展管理实践的深入推进，企业无论处于哪一行业、无论规模大小，都应把关注重点放在企业宗旨、环境保护和经营利润上，以期为各方利益相关者创造更大的价值。与此同时，在不断发展的数字化时代，企业要求管理会计师在战略规划、创新、可持续发展和风险管理等方面发挥的作用越来越大。因此，管理会计师亟须提升自身的能力素质，为未来发展做好准备。

　　《IMA 管理会计能力素质框架》是 IMA 管理会计师协会基于市场和行业趋势变化，经过深入研究和全面分析管理会计行业所面临的挑战，围绕管理会计师所必备的能力素质提出的指导性实用体系，不仅有助于个人提升职业竞争力，还能帮助组织全面评估、培养和管理财会人员队伍。IMA 管理会计师协会此次与人民邮电出版社合作，正是基于这一框架且结合中国本土实践，开发了管理会计能力提升与企业高质量发展系列图书，对数字化时代下管理会计师所需的知识与技能进行了详细讲解。管理会计能力提升与企业高质量发展系列图书截至目前共策划了两期，第一期出版后受到业界的广泛认可，第二期在总结第一期图书出版经验的基础上，在内容方面，更侧重于企事业单位实务案例分析和实务操作指引。各类企业，无论是国有企业、民营企业还是跨国企业，其管理者和财会人员都能从管理会计能力提升与企业高质量发展系列图书中直接获益。

　　管理会计能力提升与企业高质量发展系列图书的作者既包括在管理会计领域深耕多年的高校财会专业教授，又包括实战经验丰富的企业财务负责人与机构精英。同时，IMA 管理会计师协会还诚邀多位知名企业财务高管担任实务界编委，为图书策划和写作提供真知灼见。在此，我谨代表 IMA 向本系列图书的作者、实务界编委、人民邮电出版社的编辑以及 IMA 项目团队的成员表示感谢！我们希望通过本系列图书的出版及相关宣传活动，大力推动中国管理会计实践的发展，助力中国经济高质量发展！

IMA 前总裁兼首席执行官

迈克·德普里斯科

在学习和实践中提升管理会计能力

中国管理会计理论和实践自 2014 年以来进入快速发展时期，各种管理会计工具方法在微观层面（企事业单位）的应用，正在日益加速、拓宽和深入，在企业数字化转型升级、全社会高质量发展进程中发挥着重要作用。

当今社会信息技术迅猛发展，会计职业在互联网、大数据、人工智能等新技术业态的推动和加持下，在信息采集、核算循环、数据存储、整合表达等方面持续发生变革，这些变革也让管理会计在企业被广泛运用和助力企业价值创造上奠定了更坚实的基础，提供了更有效的管理和决策支持。

随着《财政部关于全面推进管理会计体系建设的指导意见》及《管理会计应用指引》等一系列规范指南的陆续出台，管理会计人才培养体系的建设和管理会计的应用推广受到了各界高度重视。从目前中国管理会计发展情况来看，管理会计师作为会计领域的中高端人才，在企事业单位仍存在巨大缺口，庞大的会计人员队伍面临关键职能转型压力——从核算型会计转向管理型会计。

IMA 管理会计师协会于 2016 年发布的《IMA 管理会计能力素质框架》，在管理会计领域广受认可与好评，被视为权威、科学、完整的技能评估、职业发展和人才管理标准，为中国及其他国家管理会计能力培养体系的构建提供了重要参考。这个框架文件在 2019 年做了更新。

　　为促进中国管理会计体系建设，加强管理会计国际交流与合作，实现取长补短、融会贯通，IMA 管理会计师协会与人民邮电出版社共同策划、启动管理会计能力提升与企业高质量发展系列图书项目。该系列图书以《IMA 管理会计能力素质框架》为基础，结合中国管理会计实际发展需求，以管理会计队伍能力提升为目标，以企业管理需求为导向，同时兼顾会计专业教育和研究。

　　该系列图书分为两期建设，内容涉及管理会计从业人员工作中需要的各项能力，力求理论与实务兼备，既有经典的理论知识阐述，也有实务工作中常见问题的解决方法，可帮助管理会计从业人员学习和提升自身各项能力，为积极转型的财务人员提供科学的学习路径。

　　在作者遴选方面，该系列图书充分体现了学术界和实务界合作的特点。该系列图书的作者均在管理会计领域深耕多年，既有理论知识深厚、指导经验丰富的高校资深导师，又有紧贴一线前沿、实战经验丰富的企事业单位负责人。他们合力打造出体系完整、贴近实务的管理会计能力提升新形态图书，以期推动企业管理会计人才建设，促进企业提质增效。

　　作为管理会计能力提升新形态专业读物，该系列图书具备以下三大特点。

　　第一，理论与实务兼备。该系列图书将经典的管理会计理论与企业财务管理、经营发展相结合，内容均从实践中来，又回归到实践中去，力求让读者对自身工作有所得、有所悟，从而提升工作水平。

　　第二，体系完备。该系列图书均提炼自《IMA 管理会计能力素质框架》，每本图书的内容都对应着管理会计必备的专项能力，可以让读者体系化地学习管理会计各项知识、培养各项能力，科学地实现自我提升。

　　第三，形态新颖。该系列图书中大部分内容都配有微视频课程，这些课程均由作者精心制作，有助于读者获得立体化的阅读体验，更好地理解图书中的重难点内容。

　　天下之事，虑之贵详，行之贵力。管理会计具有极强的实践性，既要求广大财务人员学习掌握理论知识，又要求他们积极转变传统财务思维，将理论运用于实践，进一步推动财务与业务融合，更好地助力企业高质量、可持续发展。该系列图书不仅凝结了一系列优质、有影响力的内容，而且为会计行业的发展及人才培养提供了智力支持和战略助力。我们希望与广大读者共同努力，系统、全面地构建符合中国本土特色的管理会计知识体系，大力促进中国管理会计行业发展，为企业高质量发展和中国经济转型作出积极贡献。

北京大学光华管理学院教授 王立彦

IMA 副总裁、IMA 中国区首席代表 李刚

前言

▼

▼

自詹森和麦克林对公司治理和代理成本进行研究以来，公司治理（Corporate Governance）逐步成为理论界和实务界共同关注的热点话题。现代企业的典型特点是两权分离（所有权和经营权分离、现金流权和控制权分离等），加之企业内部人和外部人的信息不对称，股东和管理层、股东和债权人及大股东和中小股东之间的利益冲突等问题产生了巨大的代理成本，降低了企业的价值。为此，如何通过公司治理的制度安排去降低代理成本是十分重要的话题。那么，公司治理到底涉及哪些内容呢？

首先是内部治理。

内部治理是指通过一系列制度安排，在股东大会、董事会、管理层和监事会等内部机构之间形成一个有效的约束与激励机制。一方面，随着中国特色社会主义市场经济体制的日益完善，具有中国特色的现代公司治理制度已经建立，内部治理制度安排进一步优化，这极大地提高了我国企业的经营效率；另一方面，新经济的发展对内部治理的制度安排提出新的挑战，公司治理面临新问题和新矛盾，有限合伙制度、双层股权结构、一致行动协议等治理创新也随之出现，有效地适应了新时代新经济的发展需求。

其次是外部治理。

外部治理主要体现在资本市场、产品市场、劳动力市场、国家法律和社会舆论等对公司及内部人的监督与控制方面。股东、债权人与公司通过资本市场相连接，管理层、雇员、供应链上下游与公司通过劳动力市场和产品市场相联系，政府行为和法律环境的约束也构成公司治理的重要外生变量。我国已经形成了由机构投资者、债权人、审计师、媒体、政府等多个主体共同参与的外部治理结构，通过资本市场、产品市场、劳动力市场、法律环境等形成特色的外部治理机制，并和内部治理机制形成一个有机统一的整体，它们相辅相成，共同促进公司治理效率的提升。

最后，公司财务和公司治理是紧密相连的，财务信息助力公司治理决策效率，提高公司价值。

因此，如何提高财务信息披露质量也是公司治理的重要部分。自美国安然公司财务造假事件以来，加强公司信息披露的监管受到世界各国的重视。我国上市公司的信息披露已经形成了一套包含国家法律、行政法规、部门规章和自律性规则在内的自上而下的体系，信息披露制度愈加完善。特别是在债券注册制改革的背景下，如何进一步通过公司内部和外部治理机制加强上市公司信息披露监管，外部审计机构、分析师、媒体舆论等应当如何发挥监管作用，从而真正提高公司治理决策的效率显得十分重要。

为此，本书将以公司治理为核心，全面梳理公司治理的核心理论和实务。理论介绍力争做到简明扼要且不缺精华，通俗易懂且不失深度，逻辑一致且层次分明；实务应用力争做到案例典型且不失普遍，操作性强且不乏理论。本书共九章，致力于让读者学会公司治理的核心理论，掌握公司治理的具体机制，理解公司治理的前沿案例，最终去指导公司治理的实务工作，提高经营管理效率和企业价值。

希望本书能对你学习和应用公司治理理论有所帮助。

本书的出版，得到了人民邮电出版社的巨大帮助，在此深表谢意。在编写本书过程中，我参考了一些经典的公司治理教材和学术论文，吸收了许多同人的观点，在此对相关作者深表感谢。最后，感谢家人对我无私的支持，感谢我的学生对书稿认真校对。

限于作者能力，本书疏漏之处在所难免，敬请各位读者批评指正。

郑登津

2023 年 5 月 25 日于中财大

目 录

1 第1章
概述：公司治理究竟 “治” 什么

2 第2章

股权结构：大股东如何影响公司治理

3 第3章
董事会：董事会如何保持独立

4 第4章

监事会：监事会发挥作用了吗

5 第 5 章

管理层：如何约束与激励经理人

6 第 6 章

股权激励：是福利还是激励

7 第7章

外部治理：外部治理如何发挥作用

8 第8章

公司治理新问题：解决新问题有何新思路

9 第9章

公司财务与公司治理：财务信息如何助力治理决策

1

概述：公司治理究竟 "治" 什么

一个案例引起的思考：
欣泰电气的错误认知害了谁

1. 造假事件概述

欣泰电气上市发行前的总股本为 7 000 万元，其中辽宁欣泰股份有限公司是欣泰电气的大股东，持有发行前总股本的 32.58%。辽宁欣泰股份有限公司有两个大股东，其中温德乙持有 77.35% 的股权，而其妻子刘桂文持有 13.33% 的股权，两人通过直接、间接的形式共持有欣泰电气 45.59% 的股份，为欣泰电气的实际控制人。在股东大会之下，欣泰电气还设立了监事会、董事会，同时在董事会下设审计委员会、提名委员会、战略委员会及薪酬和考核委员会，从组织结构来看，法人治理结构相对完善。

但是，欣泰电气于 2014 年 1 月 27 日在创业板上市，至 2015 年 7 月 14 日公告称收到证监会立案调查通知，仅仅在创业板经历了一年半的时间。2016 年 7 月 8 日，证监会宣布欣泰电气欺诈上市，启动强制退市程序，2017 年 8 月 28 日欣泰电气从深交所摘牌退市。证监会在对欣泰电气及中介机构违法违规案件查处情况通报中提到，欣泰电气在申请首次公开发行股票（IPO）并在创业板上市时存在欺诈发行行为，上市后披露的定期报告存在虚假记载和重大遗漏。

欣泰电气为了顺利发行上市，解决应收账款余额过大、经营活动现金流净额不足的问题，采用本期期末减少应收账款，下期期初再转回的方式粉饰财务报表。欣泰电气 2011—2014 年财务报告累计虚构收回应收账款账面余额约 4.7 亿元，累计虚增净利润约 1 977 万元，累计虚增经营活动产生的现金流净额近 14 740 万元。欣泰电气实际控制人温德乙以员工名义从公司借款供其个人使用，截至 2014 年 12 月 31 日，占用欣泰电气 6 388 万元。欣泰电气在 2014 年年度报告中未披露该关联交易事项，导致 2014 年年度报告存在重大遗漏。

早在 2009 年 9 月，欣泰电气首次提交 IPO 申请，递交申报材料后未获证监会通过。2011 年 3 月，欣泰电气更换保荐机构为兴业证券，准备再次上市。然而在 2011 年底的模拟财务报表中，公司的经营性现金流为负、应收账款余额较大等都影响其成功上市。为了达到上市的要求，欣泰电气总会计师刘明胜向温德乙建议虚构数据。由此，在董事长温德乙的财务操作和指挥下，欣泰电气与其关联银行和客户、供应商等串通，通过表面过账的方式，让应收账款大大降低，虚增利润，且通过了审计师的审计检验并由保荐机构辅助上市，在 2014 年 3 月，以虚假数据的招股说明书进入 A 股，并且募集资金 2 亿多元。

2. 涉事主体责任分析

欣泰电气董事长温德乙、总会计师刘明胜等多名管理人员缺乏诚信，董事长温德乙多次私自占用公司资金，其个人事务并不独立于公司业务，也未能向公司员工传递正确的价值观。同时，当公司存在内部控制缺陷时，管理层也并未及时改正，仍以公司上市为目的，为此不惜编制虚假报告。而上市过程中兴业证券、北京兴华会计师事务所等中介机构对欣泰电气的审查不力。董事长温德乙从头至尾一直以为公司只是虚构应收账款的收回，没有在收入上做手脚，并不算财务造假，还认为欣泰电气面临的处罚过于严苛。董事长温德乙仅考虑其舞弊的形式，却不考虑其舞弊性质的严重，可见其态度不端。2016 年 7 月 8 日，欣泰电气公布了证监会的行政处罚，公司及相关人员被罚款 1 900 余万元，公司董事长温德乙、总会计师刘明胜被处以终身证券市场禁入处罚，终身不得从事证券业务或担任上市公司董事、监事、高级管理人员职务。欣泰电气因欺诈发行被强制退市，成为创业板退市第一股。

在欣泰电气的 IPO 财务造假事件中，作为保荐机构的兴业证券和提供服务的审计机构北京兴华会计师事务所同样负有不可推卸的责任。因此，在欣泰电气受到处罚时，它们同样受到了证监会严厉的处罚。由于兴业证券在保荐业务过程中没有履行对欣泰电气公开发行募集文件的准确性和真实性审慎核查的义务，证监会对其给予警告，暂停保荐资格，没收业务收入 1 200 万元并处以 2 400 万元的罚款，同时没收其承销股票的违法所得 2 078 万元，罚款 60 万元。对于负责的保荐代表人伍文祥、兰翔处以警告、30 万元罚款、撤销证券从业资格、10 年证券市场禁入的处罚。由于北京兴华会计师事务所对欣泰电气上市财务报告及 2013 年、2014 年财务报告的审计出具了存在虚假记载的审计报告，没有履行恪尽职守的义务，证监会没收其违法所得 322.44 万元，并处罚款 967.32 万元；同时，对签字注册会计师王全洲、杨轶辉、王权生分别处以 10 万元罚款，对签字注册会计师王全洲、杨轶辉采取 5 年证券市场禁入措施，对签字注册会计师王权生采取 3 年证券市场禁入措施。

欣泰电气的 IPO 财务造假行为使公司中小股东蒙受了巨额损失。欣泰电气通过伪造财务数据吸引中小投资者，随后公司 IPO 财务造假行为被曝光，股价大跌，中小股东遭受了巨额的经济损失。在立案调查期间，更有公司高管和大股东利用信息优势，在股价尚未大跌的情况下将股票抛出，将经济损失转嫁给不知情的中小投资者。

自第一次申请上市到第二次上市成功，欣泰电气始终没有达到首次公开发行要求。欣泰电气的欺诈上市不仅是欣泰电气自身的欺诈行为，而且涉及保荐机构对虚假财务报告的忽视与对造假行为的包庇，涉及审计业务独立性的丧失和审计师职业道德的沦丧，以及关联银行在此过程的纵容。公司存在巨大的公司治理缺陷，终究使得欺诈、造假行为愈演愈烈，最终将公司送上强制退市之路，害人又害己。

想一想：欣泰电气的 IPO 财务造假案反映的公司治理缺陷有哪些？

公司治理是什么

施莱弗和维什尼在 1997 年对公司治理作出如下定义：公司治理是资金的提供者（股东、债权人等）收回投资并取得合理回报的各种方法的总称，即"帮助投资者收回投资并取得合理的回报"的基本制度安排。梯若尔在 2001 年提出：一个好的治理结构就是选择出最有能力的经理人，并使他们向投资者负责。图 1-1 所示为世界银行提出的公司治理框架，我们可以从狭义和广义的角度进行理解。

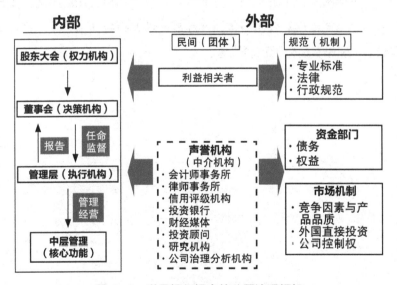

图 1-1　世界银行提出的公司治理框架

1. 从狭义的角度理解

公司治理居于企业所有权层次，指所有者（外部人）对经营者（内部人）的一种监督与制衡机制，旨在对实现全体股东利益最大化的目标提供保障，规避代理冲突问题，防止经营者对所有者利益的背离。其是通过股东大会、董事会、监事会及管理层所构成的公司治理结构的内部治理。

2. 从广义的角度理解

公司治理并不局限于所有者对经营者的制衡，而是涉及广泛的利益相关者，包括股东、债权人、供应商、雇员、政府和社区等与公司有利害关系的集团。公司治理意为通过一套包括正式或非正式的、内部或外部的制度或机制来协调公司与所有利益相关者的关系，以保证公司决策的科学化，从而最终维护公司各方面的利益。

简而言之，公司治理是一组规范公司相关各方的责、权、利的制度安排，它包括公司管理层、董事会、股东和其他利益相关者之间的一整套关系。在公司内部，股东大会、董事会与管理层相互制衡，权力在三者之间优化配置，利益在三者之间协调流动。在公司外部，个人及团体投资者与公司利益休戚相关，市场机制、行业规范引导并约束公司的行为。不同于公司管理，公司治理对公司整体运作起战略性的指导作用，规定了公司的基本框架，确保管理处于正确轨道。

公司治理因何而出现

公司治理为什么会出现呢？公司治理的出现是为了解决哪些具体的问题呢？本部分将进行具体介绍。

公司治理的起因

无论是公司内部还是公司外部，在各个层级上总存在各种各样的委托人和代理人，比如股东和管理层、大股东和小股东、股东和债权人、公司内部人和外部利益相关者等。但在有限理性的经济人、信息不对称和不完备及合约不完的背景下，委托人和代理人的代理问题是无法忽视的，层级运行的方式使得公司运行必然出现各种各样的交易成本。公司治理的出现就是为了缓解公司运行产生的各类代理问题，具体如下。

①经济活动的参与者是理性的经济人，使得委托人和代理人的目标可能存在不一致。比如，委托人（股东）的目标是公司利润最大化，或者说是股东财富最大化。但由于代理人（管理层）往往不持有或持有很少的公司股份，其目标是个人利益最大化，即以尽可能少的付出获得更多的回报。一旦代理人存在机会主义行为的动机，就自然会导致委托人和代理人之间的利益不一致。

②信息不对称和不完备问题加剧委托人和代理人之间的代理冲突。如果信息是对称且完备的，代理人的能力和努力水平可以被很好地观察到，即使委托人和代理人之间的目标不一致，代理人的自利行为也可以避免。然而，现实中，代理人既可以隐藏行动，也可以隐藏信息，委托人和代理

人之间存在严重的信息不对称和不完备问题，从而进一步加剧二者之间的利益不一致。

③合约的不完备使得其无法完全限制代理人的机会主义行为。委托人和代理人之间难以在事前签订一个完备的合约，以有效约束代理人可能出现的各种各样的机会主义行为。即便可以，签订这样一个合约的代价是十分高昂的。公司的剩余索取权（如对利润的分配）掌握在委托人手中，但合约的不完备使得剩余控制权（如合约无法限制代理人的决策权）掌握在代理人手中，代理人则有机会实现机会主义行为，获取更多的私利。

公司治理应解决的具体问题

从前述内容我们知道公司治理的目标是通过一系列的制度安排来治理不同委托人和代理人之间的代理冲突。在公司的运行中，典型的代理冲突可以细化为三类：股东－管理层代理冲突、股东－债权人代理冲突、大股东－中小股东代理冲突。

1. 治理股东－管理层代理冲突

詹森和麦克林在 1967 年首次提出管理者直接侵蚀股东财富的理论，指出只要管理层拥有的公司股份少于 100%，他们就有可能在提升公司业绩和股价，与获取非货币性收益两种行为之间作出权衡。在理想的公司治理框架下，管理层应当对股东负责，通过一系列科学、合理的措施来贯彻公司战略，创造斐然的财务业绩和环境业绩，彰显公司的社会责任。这表明管理层应当通过提升公司业绩和股价来获取更多的个人收益，而非取巧地通过获取非货币性收益来敛财。但现实中，客观存在着管理层为了获取非货币性收益，直接或间接侵蚀股东财富的现象，产生了股东－管理层代理冲突。具体表现如下。

（1）直接侵蚀行为：高薪与在职消费

1990 年，詹森和麦克林研究发现美国上市公司经理薪酬与公司业绩之间关联度极低，即使公司业绩下行，经理也可能通过自我加薪来侵占股东财富。2008 年，杰克逊等研究发现高管薪酬存在黏性特征，即高管薪酬在公司业绩上升时的边际增加量大于公司业绩下降时的边际减少量。许多研究共同表明，上市公司管理者在公司业绩增长时可获得额外奖金，业绩下降时却没有丝毫惩罚。除此以外，管理者凭借其对公司重要经济资源配置的决策权，在利益的驱使下或将扩大自己的在职消费，即把公司的生产性资源转化为非生产性资源以牟取私利，譬如豪华装修、奢侈品消费、公费娱乐等。

（2）间接侵蚀行为：非效率投资

张维迎在 2005 年提到企业家不仅可以从公司的经营中获得货币性收益，还会从控制公司这一过程中获得一些非货币形态的好处，与货币性收益不同，这些好处通常称为控制权收益。因此，当面临一项净现值为正的投资项目时，管理层为了获得更多的非货币性收益，可能会选择放弃该项目；反之，明明是一项净现值为负的投资项目，管理层却可能会接受，即便股东的财富受到损害。

2. 治理股东 – 债权人代理冲突

股东 – 债权人代理冲突的根源在于二者的利益分配与风险分担不均衡，债权人通常对公司资产具有优先的固定索取权，而股东虽然对公司债务承担有限责任，但对公司剩余资产具有无限索取权。债权人关注的是眼下公司是否有充裕的现金流，是否有能力及时偿还足额的债务，他们渴求公司投资发展的稳健性，不对公司以小博大、迅速扩张的行为抱有期待。而股东追求的是公司经营规模飞速扩大，期待公司业绩实现质的飞跃，即使是冒着牺牲公司短期利益的风险，也愿意放手一搏。在实际中，这类代理冲突通常表现为股东对债权人的债务侵蚀、股东进行高风险投资、股东支付高额股利甚至抽逃资本的行为。

债权人为了维护自身的利益，则会在债务合约中对股东或公司的行为进行更严格的限制，甚至约定可干预公司具体的投资和经营决策。债权人过度干预也可能适得其反，使得代理问题进一步加剧，其中，投资不足便是债权人过度干预的后果之一，即"债务悬置效应"。"债务悬置效应"认为在债权人的干预下，公司可能会放弃那些净现值为正但却不足以支付债务本息的投资项目，并且公司的负债率越高，公司投资不足的现象越严重。

3. 治理大股东 – 中小股东代理冲突

大股东和中小股东的代理冲突指的是在股权结构较为集中、大股东控制权与所有权有较大偏离的情况下，处于优势地位的大股东（内部人）极易利用各种手段侵占中小股东利益，获取私利。以下从三个维度对此类代理冲突进行具体分析。

（1）所有权的分布情况

从所有权结构分析，各个国家的股权集中度分布具有典型性。我们用美、英、德、日非金融公司前五大股东的平均持股比例（见图 1-2）来量化这四个国家的股权集中度状况。通过图 1-2 可以发现，德国与日本的非金融公司前五大股东的平均持股比例明显高于美国和英国，股权集中度明显更高。在英美模式下，资本市场发育成熟，股权结构高度分散，股东因持股份额相对较小无法直接监督管理层，需要重点治理股东 – 管理层的代理问题。在德日模式下，股权结构高度集中，但由于银行作为公司的核心资本来源会直接干预公司的经营管理决策，需要重点治理股东 – 债权人的代理问题。

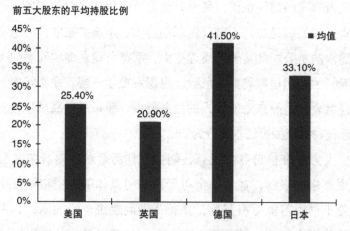

图1-2　英、美、德、日非金融公司的股权集中度状况

（2）所有权与控制权的分离

所有权（也叫现金流权）是按持股比例享有的公司财产分红权，所有权比例等于所有控制链上对该公司的持股比例之和（每条控制链上对该公司的持股比例等于该控制链上各层级持股比例的乘积）。当上市公司的股权集中度非常高或非常分散的时候，大股东的利益侵占动机较弱；当大股东所持股权比例能够实质性地控制上市公司并且其所有权比例较低时，大股东就可能存在进行利益侵占的动机。大股东对公司的控制权越大于其所有权，就越有可能采取各种方式侵占中小股东的利益。

控制权指的是大股东持有的投票权，包括直接持有的投票权和通过控股公司间接持有的投票权。当控制链仅为一条时，控制权等于该控制链上最小的股份持有份额；当控制链有多条时，控制权等于每一控制链上最小股份持有份额的总和。图 1-3 中，A 对 C 直接持股 25%，并通过持有 B50% 的股份间接控制 C20% 的股份。对 A 对 C 的所有权进行计算，A 享有 C 财产分红权的 35%（25%+50%×20%=35%）。对 A 对 C 的控制权进行计算，A 对 C 的控制权达到 45%（25%+min{50%,20%}=25%+20%=45%）。由此得出，两权偏离程度为 35%/45%=0.78。

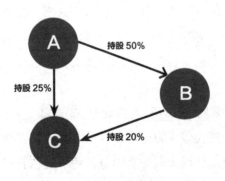

图 1-3　A 对 B、C 的股权控制链

当公司的股权结构较为复杂，存在多条所有权链条时，公司大股东的所有权和控制权就可能出现偏离。所有权与控制权偏离的原因在于终极控股股东往往通过金字塔结构、交叉持股与连锁董事等方式控制公司，从而造成其所掌握的控制权超过所拥有的所有权，这种偏离在家族企业和小规模企业中尤为明显。越高的控制权表明大股东越有机会侵占与转移公司资源，越低的所有权表明大股东侵占公司利益的成本越低，故两权偏离程度越大，大股东越有动机侵害中小股东的利益，损害公司价值。法西奥等人研究发现，欧洲大股东普遍享有的所有权为34.6%，控制权为37.75%，两权偏离程度为0.92；亚洲大股东普遍享有的所有权为15.7%，控制权为19.77%，两权偏离程度为0.79，这意味着亚洲大股东具有比欧洲大股东更强烈的侵占中小股东利益的动机。

（3）大股东对小股东的利益侵占的表现

巴克莱和霍尔德内斯分析了美国大宗股权转让定价，认为利益侵占行为能为大股东创造私利，因此大宗股权的收购方愿意为期望收益支付较高的价格。他们指出这种股权转让溢价反映了大股东得以实现的控制权私人收益。戴克和安吉尔对1990—2000年39个国家的412项股权交易溢价情况进行了研究，发现股票大宗交易价格比公告后的股票价格平均高出14%。

大股东的控制权收益分为共有收益和私人收益两种，共有收益指股东按照持股比例享有的现金流权收益，私人收益指大股东利用绝对控制权谋取的其他股东无法同等享有的收益。一般而言，股权集中度越高，两权偏离程度越大，大股东越有机会去追求更多的私人收益，越有动机去侵占中小股东的利益。

常见的大股东获取控制权私人收益的方式如下。

①经营侵占，指大股东为追求自身利益而通过自我交易从公司中转移资源。比如，大股东利用关联交易向母公司或其控股子公司转移公司的利润；利用上市公司的名义担保或融资，非法占用上市公司的巨额资金等。

②财务侵占，指大股东通过股利政策向自己输送利益，或者通过股票发行来稀释其他股东权益、冻结少数股权、进行内部交易、渐进式收购以及其他不利于中小股东的各种财务交易行为等。

中国的公司治理有何特点

我国的上市公司普遍具有“一股独大”的特点，我国上市公司 2003—2021 年的大股东所有权和控制权平均比例分别为 31% 和 37%，指标波动相对稳定，两权偏离程度为 0.83。

囿于我国上市公司长期“一股独大”的状况，股权结构不合理问题及其衍生出的代理冲突等治理问题在我国上市公司中普遍存在。大股东意志决定了公司未来发展的持续性，也决定了中小股东利益的存续性。大股东意志对公司发展的影响如表 1-1 所示，由此可知，大股东在股东权益、决策机制和内部制衡三个维度的差异表现，将会引领公司走向不同的结局。

表 1-1　大股东意志对公司发展的影响

分类	前提假定 1	前提假定 2
股东权益	大股东无视中小股东的平等权益	大股东尊重中小股东的平等权益
决策机制	缺乏良好的决策机制	良好的决策机制
内部制衡	缺乏内部制衡机制	有效的内部制衡机制
结果	损害中小股东与公司的利益	公司可持续发展

国有企业的公司治理

1. 政府的角色定位

理解国有企业公司治理，首先要理解政府的角色定位。一方面，作为社会公共职能部门，政府通过颁布相关法律法规，对企业的公司治理提出制度化要求，并监督实施。从这个角度来说，政府在推动我国公司治理的法律制度建设中起重要作用；另一方面，作为企业的主要出资人，政府扮演举足轻重的所有者角色。这两种角色难免存在一定的冲突，主要表现为政府在国有企业治理中将所有者职能同社会公共管理职能相混淆的现象。国有企业公司治理问题主要表现为政府在公司治理中的缺位、越位和错位问题。

（1）缺位

虽然政府掌握国有企业的实际控制权，政府派任相应人员对国有企业进行管理，国有企业的管理层一般无法享有国有企业剩余索取权，但管理层却掌握公司的剩余控制权，导致国有企业存在所有者缺位的现象。在国有企业中，决策权层层下放，即使政府的行政干预能力仍然保留，企业管理者与政府的代理冲突却日渐凸显，"缺位"问题越发严重。政府作为国有资产所有者的地位没有人格化，造成实际运作中国有企业经营控制权实施主体不明晰。

（2）越位

不同于民营企业的所有者，政府可以通过采取行政手段直接参与国有企业的经营管理，但易导致经营目标冗杂化。同时，国有企业的管理者选聘并非按照市场的标准执行，而是按照政府官员的标准执行，由组织和人事部门进行考核，这具有企业管理者职位错配的风险，在一定程度上降低了企业资源配置的合理性。

（3）错位

政府会通过行政手段代替市场调节机制，对市场的运行有一定影响。一方面，在市场失灵时，政府的干预会弥补市场机制运行的缺陷；但另一方面，过度的政府干预不利于资源的有效配置，例如全面注册制改革明确IPO发行定价和发行规模的去行政化，全面注册制改革是推进上市公司的高质量发展和资本市场中国式现代化进程中的关键一环。

2. 国有企业公司治理的特点

（1）国有股份"一股独大"

在中国，虽然民营企业和国有企业都存在"一股独大"的现象，但二者要区别分析。在国有企业里，大股东不存在侵占中小股东的动机主要问题还是效率相对较低，而这是因为公司治理结构还处于探索阶段。国有企业的目标到底是利润最大化还是社会服务，有很多此类问题还没有明确的答案。管理层在公司治理方面的管理水平、追求企业长期价值最大化的动机需要进一步提高，由于社会责任的不同，他们更多的心思或许是进一步做大规模、税收和就业。

国家投资成立公司的目标除了盈利之外，还承担了一定的社会责任，因此，这就决定国有企业的目标就不会是利润最大化、企业价值最大化。

（2）股东 - 管理层代理冲突更加严重

国有企业的公司治理问题更突出地表现为股东 - 管理层之间的代理冲突。在国有企业中，尽管存在国家大股东，但是由于所有者缺位问题，经理人实际上在很大程度地控制了公司决策权。在这种情况下，往往会出现激励机制缺乏效果的问题。

所以，如何约束和激励国有企业的管理层是国有企业公司治理重要的问题，其关键在于怎么通过合理的激励机制设计让管理层努力工作，为所有股东创造价值，也为员工、债权人、顾客及社会创造财富。

民营企业的公司治理

1. 民营企业公司治理问题的表现

大股东的存在，使得民营企业存在大股东侵占中小股东利益的问题，具体包括大股东通过关联交易转移公司财富、无偿占有持股公司的资本、为自己的贷款等融资行为进行担保、操纵信息披露等。资本市场上屡次出现的关联交易违规、忽悠式重组等行为大多发生在民营企业中。

2. 民营企业公司治理方法

民营企业公司治理的核心在于如何通过各种机制设计避免大股东侵占中小股东利益。一方面需要更优的治理安排，改善内部监督，完善法律法规和加强监管，提高审计师的独立性，加强外部监督，从而加强对中小股东的保护；另一方面要靠道德宣传和诚信文化建设，改变大股东隐瞒信息和急功近利的做法。具体如下。

（1）避免大股东以少量股权控制上市公司

尽管用控制权换取资本是企业发展过程中的必然做法，但应该避免大股东以少量的股权控制上市公司。我们应该清醒地认识到，同是"一股独大"，持股比例的高低所产生的后果会大相径庭。如果大股东持股比例较高，则"利益协同效应"起主导作用，大股东将有效发挥其"管家"功能，努力提升上市公司价值；相反，如果大股东的持股比例较低却又控制着公司，则"掏空效应"将会占据上风，大股东很可能会采取自利行为损害其他股东的利益。

为了加深理解，举例如下：一种情形是，大股东持有公司70%的股份，此时，他从上市公司转移的1元中有0.7元属于他自己，只有0.3元是他人的；另一种情形是，大股东持有公司30%的股份，此时，他从上市公司中转移的1元中有0.7元是他人的。在前一种情况下大股东掏空公司的动机并不强，而在后一种情况下，大股东有强烈的动机去掏空公司。

（2）避免大股东以金字塔结构控制上市公司

需要注意的是，有一些大股东通过金字塔结构控制上市公司，导致投票权或者说控制权与所有权的严重分离。据统计，我国大约一半的上市公司存在金字塔结构。持股比例不大及通过金字塔结构控制上市公司的大股东，其行为值得密切关注。

（3）倡导多个大股东制衡的股权结构

当公司存在多个大股东时，则他们有动机也有能力监督经理人，可以有效地缓解经理人的代理问题；与此同时，他们也有动机和能力去监督、制衡控股股东的私利行为。

（4）加大对违规行为的处罚力度

我国逐步建立起一个比较完善的法律体系，证监会也出台了一系列监管措施，旨在约束上市公司及大股东行为，加强对中小股东的利益保护。可喜的是，2019年12月28日，十三届全国人大常委会第十五次会议审议通过了修订后，并于 2020 年 3 月 1 日实施的《中华人民共和国证券法》，在惩罚力度上做了诸多改进，极大地加大了证券违规的惩罚力度。例如，在行政罚款额度方面，对于按照违法所得计算罚款幅度的类别，处罚标准由原来的一至五倍，提高到一至十倍；对于实行定额罚的类别，由原来规定的三十万元至六十万元，分别提高到二百万元至二千万元（如欺诈发行行为），以及一百万元至一千万元（如虚假陈述、操纵市场行为）、五十万元至五百万元（如内幕交易行为）等。惩罚力度的加大对上市公司及其大股东行为的规范起到重要作用。

（5）保障企业家的决策自主权

需要注意的是，企业家之所以能成为企业家，是因为他们具有不同于常人的想象力、判断力和组织能力，这些能力是公司成功的关键，不能因为存在大股东与中小股东的利益冲突，在公司治理中过度限制大股东的企业家精神。由具有企业家能力的大股东控制企业，无论对其他股东还是对整个企业的发展都是至关重要的。过度限制民营企业大股东的决策自主权必将妨碍其企业家精神的发挥，损害包括中小股东在内的所有股东的利益。保护中小股东利益的好办法是保护他们的退出权，保证大股东具有诚信意识，而不是限制其决策自主权。

总之，中小股东权益得不到有效保护确实是个大问题，但解决问题的关键是构建企业家精神，而不是消灭大股东。

对欣泰电气案例的解答

内部治理缺陷

1. "一股独大"下的内部治理制度失效

图 1-4 是欣泰电气的股权结构，从中可以看到欣泰电气股权分布较为集中，控股股东辽宁欣泰股份有限公司持有 32.58% 的股份，而欣泰电气董事长温德乙持有辽宁欣泰股份有限公司 77.35% 的股份，为该公司实际控制人。刘桂文为实际控制人温德乙的配偶，持有欣泰电气 13.01% 的股份，因此温德乙夫妇合计掌握欣泰电气 45.59% 的投票权，远超第二大股东辽宁曙光，形成"一股独大"的局面，其他股东很难对其进行制约和监督。在这样的股权结构下，董事会被实际控制人所控制，公司的审计委员会、独立董事和监事会都难以发挥作用，形同虚设，内部治理制度是失效的。例如，董事长温德乙多次私自占用公司资金，而董事会并未及时纠正。所以，一旦实际控制人有动机进行财务舞弊，其就会很容易实施。

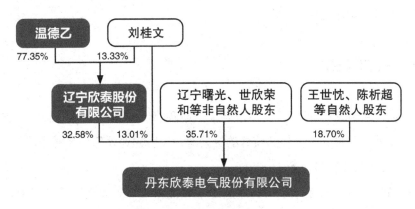

图 1-4　欣泰电气股权结构

2. 经营管理的内部控制制度失效

从经营管理内部控制来看，欣泰电气董事长在公司上市期间以员工名义先后占用公司资金 6 000 余万元，说明公司对资金活动的内部控制形同虚设，资金活动的管控不严导致公司财产被占用；采购业务的审批、验收程序不严格，主要原材料硅钢片的采购价格远超市场平均价格；在销售业务的控制活动中，公司对客户的信用管理也极其不到位，未对客户信用情况进行全面考核就直接批准赊销，产生了极大的坏账风险。

另外从公司的造假手段中可以看出，公司利用自有资金的体内循环进行造假的过程涉及采购、销售和财务三个部门，按规定来说这三个部门属于不相容部门，其岗位应当做到职责分离，但是欣泰电气的这三个部门明显已经串通一气；此外，公司在编制财务报告的过程中也并未按照会计准则要求进行编制，财务人员编制虚假报告，会计系统内部控制失效。

3. 相关人员职业道德水平低下

在公司经营陷入困境时，欣泰电气总会计师刘明胜并没有利用自己的专业知识帮助公司脱困，反而想方设法造假欺诈上市，可见其并不具有一名高级会计人员的基本职业素养。公司其他财务人员也并未对刘明胜的不当行为加以制止，而是选择配合其进行欣泰电气财务舞弊，均越过了会计人员的职业道德底线。因此，会计人员基本职业素养的缺乏进一步导致欣泰电气进行欺诈上市。

外部治理缺陷

欣泰电气的外部监督主要来源于当地政府、中介机构及证监会。在欣泰电气的造假案例中，外部监督的相关者并没有起到外部监督的作用。

（1）资质审批不严

自从被列为丹东市政府辅导的上市企业以来，欣泰电气得到了来自当地政府的扶持。具体表现为政府给予上市扶持资金，同时公司更是被政府确定为高新技术企业，每年给予税收优惠和优先贷款权。政府对欣泰电气资质的审批监管不严造成公司有机会利用舞弊手段粉饰财务报告。

（2）中介机构的职责缺失

在欣泰电气上市前后，其保荐机构兴业证券和审计机构北京兴华会计师事务所并未恪守职业道德，反而与企业串通舞弊。兴业证券是欣泰电气的保荐机构，其佣金来源于欣泰电气，二者间存在明显的利益相关性，为了获得收益，二者极有可能合谋。对于北京兴华会计师事务所，面对异常的应收账款明细账中大量的红字冲销，注册会计师并没有实施进一步审计程序；对收到的回函中余额不符的情况也没有任何调整，未设计进一步审计程序；对未回函的情况，也未全部采取替代程序来获取充分适当的审计证据；对欣泰电气调增应收账款、减少银行存款的异常交易，注册会计师也未保持职业怀疑，未予以关注，导致监管机构、社会公众等其他外部监督者受到蒙蔽，没能及时发现欣泰电气的财务舞弊现象。

（3）证监会违规处罚缺乏震慑力

修订前的《证券法》对虚假陈述类证券违法，对个人、企业违规操纵职场行为的顶格处罚仅仅为 60 万元，这和上市后募集的巨额资金相比微不足道，缺乏震慑力。欣泰电气首次造假年份为 2011 年，而根据 2011 年及以前的证监会处罚决定书，对于企业财务舞弊，证监会处罚手段主要是罚款、警告、责令改正，处罚金额整体较低，一般最高罚款金额为 60 万元，

罚款金额多为 30 万元或 40 万元，而对于上市公司来说，几十万元的罚金
与其违规募集的上千万元甚至上亿元金额相比仍然是一个较小的数额，不
利于防范舞弊。因此，在证监会处罚力度较小的情况下，欣泰电气选择了
铤而走险进行舞弊。

　　综上所述，欣泰电气内部治理及外部治理的失效，导致了欣泰电气
瞒天过海的行为，为其财务舞弊行为提供了机会，阻碍了资本市场的健
康发展。

案例分析与讨论：格力混改案例

1. 格力混改时间概述

　　格力电器混改时间线如图 1-5 所示。最后官方披露的混改结果为珠海明骏以每股 46.17 元人民币受让格力电器 15% 股份，总计 416.62 亿元。公告显示，珠海明骏相关方与格力电器管理层已达成一致，各方均不谋求格力电器实际控制权，格力集团成为无控股股东和实际控制人的企业。"珠海高瓴、HH Mansion、Pearl Brilliance（明珠熠辉有限公司）和管理层实体一致同意，应在本次交易完成交割后，推进格力电器层面给予管理层实体认可的管理层和骨干员工总额不超过 4% 格力电器股份的股权激励计划"，这是本次混改一大关键词"管理层激励"的体现。该激励计划已取得一定进展，格力电器 2020 年 12 月 2 日发布的《关于股份回购进展情况的公告》显示：截至 2020 年 11 月 30 日，公司通过回购专用证券账户以集中竞价方式累计回购公司股份 94 184 662 股，占公司截至 2020 年 11 月 30 日总股本的 1.57%。

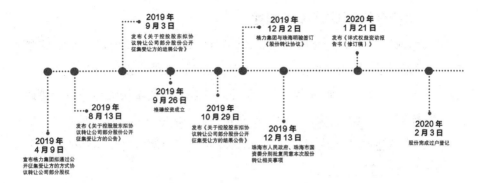

图 1-5　格力电器混改时间线

格力电器最初由珠海市国资委完全控股的格力集团控股。在此次混改前，珠海国资委对格力电器的股份持有比例在很长一段时间稳定在 18.22%。混改完成后，珠海明骏以持有 15% 的股份位居第一大股东，具有格力经销商团队背景的河北京海担保投资有限公司持股 8.20% 位居第二大股东，格力集团以持股 3.22% 退居第三大股东。根据公告，混改后格力电器第一大股东珠海明骏的执行事务合伙人为珠海贤盈，珠海贤盈享有对珠海明骏事务独占及排他的执行权。珠海贤盈的执行事务合伙人为珠海毓秀，故珠海毓秀就是珠海明骏的实控方。珠海明骏控制权结构如图 1-6 所示。

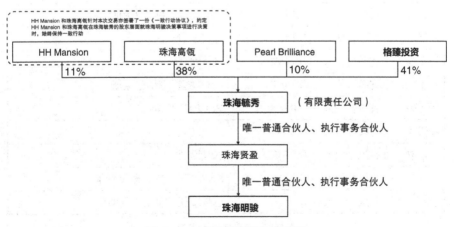

图 1-6　珠海明骏控制权结构

2. 执行事务合伙人：珠海毓秀

在珠海毓秀层面，珠海高瓴、HH Mansion、 Pearl Brilliance、格臻投资持股比例分别为38%、11%、10%、41%。值得一提的是在其中占股超 2/3 的格臻投资，2019 年 9 月 26 日，格力电器董事长董明珠联手望靖东、黄辉等格力电器高管，共同出资设立了珠海格臻投资管理合伙企业（有限合伙），其股权结构如表 1-2 所示。其中，董明珠持股 95.482% 为第一大股东及唯一普通合伙人。

表 1-2　格臻投资前十大股东相关情况

姓名	合伙人性质	认缴出资比例	在上市公司任职情况
董明珠	普通合伙人	95.482%	董事长、总裁
王凯	有限合伙人	0.889%	总裁助理
庄培	有限合伙人	0.741%	董事、执行总裁
谭建明	有限合伙人	0.593%	总工程师、副总裁
望靖东	有限合伙人	0.222%	董事、副总裁、财务负责人、董事会秘书
赵志伟	有限合伙人	0.222%	总裁助理
胡余生	有限合伙人	0.222%	总裁助理、总工程师助理
方祥建	有限合伙人	0.148%	助理总裁
张辉	有限合伙人	0.148%	总裁助理、副总工程师
文辉	有限合伙人	0.148%	总裁助理
胡文丰	有限合伙人	0.148%	总裁助理
刘华	有限合伙人	0.148%	总裁助理、副总工程师
夏光辉	有限合伙人	0.074%	总工程师助理
陈伟才	有限合伙人	0.074%	总裁助理
谢东波	有限合伙人	0.074%	总裁助理
张龙	有限合伙人	0.074%	总裁助理、总工程师助理
李绿斌	有限合伙人	0.074%	总裁助理、总工程师助理

珠海毓秀的董事会是珠海贤盈的最终决策机构，对珠海明骏和珠海贤

盈的重大事项作出决策。珠海毓秀的董事会由 3 名董事组成，其中珠海高瓴和 HH Mansion 有权共同委派 1 名董事、Pearl Brilliance 有权委派 1 名董事、格臻投资有权委派 1 名董事。董事会决议的表决实行一人一票。在需要珠海毓秀董事会一致同意方可通过的事项中，均不涉及珠海明骏作为格力电器的股东对格力电器股东表决权或其他股东权利的行使，而仅涉及珠海贤盈或珠海毓秀自身的事项；而涉及该等由珠海明骏作为格力电器股东行使表决权或其他股东权利的决定均属于经三分之二（含本数）以上董事同意即可作出。因此，任何董事均无法控制珠海毓秀的董事会决策。综上可知，珠海明骏无实际控制人。

　　进一步分析，珠海贤盈为珠海明骏的唯一普通合伙人，承担无限连带责任，同时珠海毓秀又作为珠海贤盈的唯一普通合伙人，承担无限连带责任。然而珠海毓秀被设置为有限责任公司，这也意味着，从珠海明骏向上传导的无限责任在珠海毓秀处被阻断。可见将珠海毓秀设置为有限责任公司有效地控制了出资人的风险。同时珠海贤盈和珠海明骏作为有限合伙公司，现金流权与控制权相分离，这也同样有助于实现组织结构中各方的现金流权和控制权的分离。珠海明骏股权结构如图 1-7 所示。

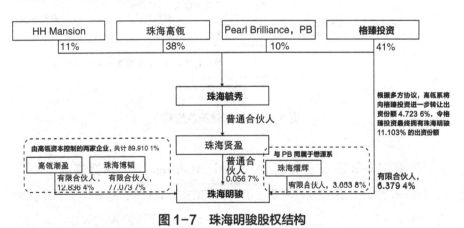

图 1-7　珠海明骏股权结构

3. 战略投资者：高瓴资本

高瓴系资本以有限合伙人身份占珠海明骏约 89.9% 现金流权，懋源系资本以有限合伙人身份占珠海明骏 3.7% 现金流权，而管理层实体——格臻投资以有限合伙人身份占珠海明骏 6.4% 现金流权。值得注意的是，根据多方协议，高瓴系未来将向格臻投资进一步转让出资份额 4.723 6%，令格臻投资最终以有限合伙人身份占珠海明骏 11.1% 的出资份额。由此，结合之前对珠海明骏控制权的分析，可见，在珠海明骏层面，高瓴系、懋源系、格臻投资分别持有 1/3 的控制权，而三者的现金流权比例却为 89.9∶3.7∶6.4，表现为现金流权和控制权的分离，且分离程度较高。

另外，根据公开信息，格臻投资无须承担支付普通合伙人收益、基金管理费的责任。高瓴系的高瓴瀚盈、珠海博韬，懋源系的珠海熠辉按比例向珠海贤盈支付管理费、执行合伙事务报酬和超额收益（合称为普通合伙人收益），并向珠海高瓴支付基金管理费。

珠海贤盈股权结构如图 1-8 所示。

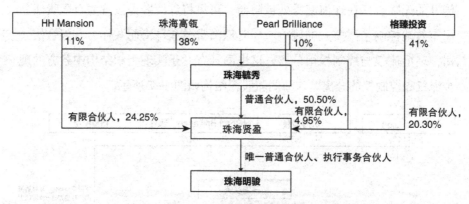

图 1-8 珠海贤盈股权结构

根据图 1-8 进一步分析发现，HH Mansion 加上珠海高瓴、Pearl Brilliance 和管理层实体（格臻投资）持有的珠海贤盈的有限合伙出资份额之比为 49∶10∶41；且根据合作协议、珠海贤盈合伙协议的规定，珠海明骏产生的全部普通合伙人收益由 HH Mansion 与珠海高瓴或其指定主体、Pearl Brilliance 和管理层实体（格臻投资）按照 49∶10∶41 的比例享有和分配。这也意味着格臻投资将获得 41% 的普通合伙人收益，而与 HH

Mansion、Pearl Brilliance 在珠海明骏这一层或多或少承担了普通合伙人费用不同，格臻投资不曾支付过任何费用。公司公告也提到，管理层实体应确保其享有的占全部普通合伙人收益的 8% 的部分应以适当的方式分配给对上市公司有重要贡献的上市公司管理层成员和员工，这体现出对公司管理层和员工的激励。

综上所述，格臻投资通过变动后的三层股权结构，巧妙地用较少的资金实现了在珠海明骏层获得分红收益、珠海贤盈层获得部分普通合伙人收益、珠海毓秀层获得 1/3 格力控制权的三重收益。

问题讨论 1：格力混改设计的巧妙之处体现在哪儿？

问题讨论 2：格力此次混改的启示有哪些？

扫码即可查看
本章问题讨论答案

股权结构：大股东
如何影响公司治理

扫码即可观看
本章微视频课程

一个案例引起的思考：
瑞幸咖啡股东大会疑云

1. 股权质押：大股东的变现手段

2020 年年初，著名的做空机构——浑水在社交媒体上表示已经做空瑞幸咖啡（LK.US）的股票。浑水称作出做空决定是因为收到一篇匿名的、长达 89 页的调查报告。这份报告提供了瑞幸咖啡在门店销售数据上造假的直接证据，直指瑞幸咖啡存在财务造假。作为回击，瑞幸咖啡在 2 月 3 日发布公告，公开逐条否认了浑水的所有指控。同年 4 月，瑞幸咖啡的独立董事自曝公司确实虚增销售额 22 亿元人民币，坐实造假一事。瑞幸咖啡的财务造假行为引起了其股价的剧烈波动，当日股价暴跌逾 80%。同年 6 月 29 日，瑞幸咖啡退市转向场外交易。当时的瑞幸咖啡市值仅为 3.21 亿美元。财务丑闻的曝出也导致了瑞幸咖啡大股东陆正耀的股权质押被强行平仓，进入清算流程。陆正耀股权质押贷款的金额高达 5.33 亿美元，是陆正耀以他自己和时任 CEO（首席执行官）钱治亚名下的公司所持有的瑞幸咖啡股票为担保，从高盛、摩根士丹利等金融机构处获得的。在强行平仓之后，陆正耀的股权质押依然留下高达 3 亿多美元的债务缺口。全体债权人决定委托毕马威对瑞幸咖啡进行托管清算。瑞幸咖啡（LK.US）收盘价如图 2-1 所示。

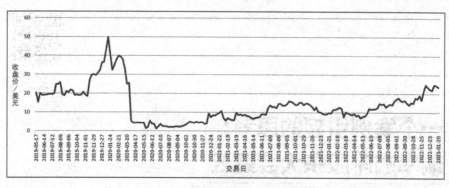

图 2-1　瑞幸咖啡（LK.US）收盘价

2. 股东大会："驳回异议"的胜利

与此同时，公司董事会内部的矛盾也频出。因为财务造假，以原董事长陆正耀为首、包含创始人及时任 CEO 的钱亚治在内的"神州系"高管失去了投资者和股东的信任。公司投资人也对董事会的控制权进行争抢。不同派系对瑞幸咖啡如何处理财务造假事件，以及未来如何发展拥有迥然不同的观点，因而多次摩擦出火花。2020 年 7 月 5 日，瑞幸咖啡于北京神州优车总部召开的特别股东大会即是一次典型的董事会控制权争夺事件。此次大会也是自 2020 年 4 月瑞幸咖啡自曝财务造假以来，原董事长陆正耀的首次公开露面。会议召开之前，部分股东和媒体认为陆正耀想通过此次特别股东大会来罢免原先多位参与和支持造假调查的董事，同时扶持自己所在派系的人员进入董事会。

事实上，在此次特别股东大会召开前三天，即 2020 年 7 月 2 日的晚上，瑞幸咖啡举行过一次董事会会议，围绕是否要罢免陆正耀的董事和董事长职位进行了讨论，但因为未获得三分之二以上的董事支持而未通过。陆正耀依然担任董事长和保留董事席位。7 月 5 日的特别股东大会仅有瑞幸咖啡早期投资方大钲资本与愉悦资本的股东代表，和博智投资基金（Primus Investment Funds）的代表等少数股东经过核验身份后允许进入。一些股东代表的律师被拦在门外。当日下午三点会议正式召开，由陆正耀主持。在会议一开始，现场股东代表便围绕大会的投票权认定产生了严重的分歧。分歧的原因在陆正耀所注册的一家离岸公司——博智投资基金。这家公司由陆正耀注册于开曼群岛，持有瑞幸咖啡 131 250 000 股 B 类普通股。前文提到陆正耀股权质押被强行平仓之后依然留下高达 3 亿多美元的债务缺口，陆正耀持有的博智投资基金的股权即属于债务清算之列。开曼法院判决清盘方对博智投资基金进行破产清算，其持有的所有瑞幸咖啡股份也归属于清盘人。该股份占据了瑞幸咖啡总股份的 6.5%。根据招股说明书的披露，博智投资基金所持有的 B 类普通股拥有 A 类股份投票权十倍的超级投票权。而在此次特别股东大会中，陆正耀一派的董事对清盘方持有的 B 类普通股是否具有超级投票权表示质疑，并提出要按照 A 类普通股计算投票权。这一提议遭到了清盘方的强烈反对，抗争其持有的 B 类普通股不应界定为 A 类普通股计算投票权。双方强烈争执的原因在于如果清盘方持有的 B 类普通股不具有超级投票权，则陆正耀一派的投票权将由 35% 提升至 45%。陆正耀提出打电话征求律师意见，并旋即离开了股东大会现场。几分钟后，陆正耀回到会场，声称美国律师认为清盘方持有的股票应算作 A 类普通股，而博智投资基金的律师则认为应算作 B 类普通股。彼时博智投资基金的律师虽然以线上方式参与了会议，但是并不被允许接入并发表意见。最终，陆正耀以"作为主席，驳回你的异议"的发言宣布清算方持有的股票不能按照 B 类普通股进行投票。如此一来，陆正耀一方持有了 45% 的投票权。在提案的投票和计票环节，陆正耀与一名职工带着股东代表的纸质投票离开了会场，再回到会场时陆正耀立即宣布提案获得表决通过。其间，即使有股东代表指出股东大会投票应该由律师或验票员共同监票，但陆正耀也只是重复了"作为主席，驳回你的异议"作为回应。

3. 结局：从台前走向幕后

此次特别股东大会的结果符合陆正耀的预期，正如外界后来知道的那样——瑞幸咖啡的三位董事陆正耀、黎辉、刘二海及独立董事 Sean Shao 被换下，Ying Zeng 和 Jie Yang 两位独立董事被任命。虽然陆正耀离开董事会看起来并不是一个对陆正耀有利的选择，但是，通过此次特别股东大会，他替换下了与自身意见不合、支持造假自查的三位董事，并提拔了自已提名的两位独立董事。即使自身不再拥有瑞幸咖啡的股份，但陆正耀依然通过代理人保住了对瑞幸咖啡的控制权。

　　想一想：你认为此次特别股东大会的流程存在哪些不合理的地方？同时，陆正耀作为股东大会的主席是否有权驳回其他股东的异议？

股东大会是如何运行的

股东大会的定义

股东大会（Shareholders Meeting）是公司的最高权力机关，由公司的全体股东构成。股东大会分为每年固定召开的年度股东大会和在特殊情形下召开的临时股东大会。年度股东大会需要在上一会计年度结束后的半年内举行；临时股东大会的召开则没有固定期限要求，在确有必要时，临时股东大会可以根据《中华人民共和国公司法》（以下简称《公司法》）等法规的规定召开。

年度股东大会每年召开一次，讨论事项往往与公司的年度财务报告紧密相关。具体而言，年度股东大会涉及的事项包括选举公司的董事、变更公司的章程、决议股息的派发、讨论增发或减发和讨论年度财务报告等。以万科企业股份有限公司召开的 2021 年度股东大会为例。根据公告信息，此次股东大会的召集人为万科企业股份有限公司第十九届董事会，大会中股东表决了董事会报告、监事会报告、年度报告及摘要、续聘会计师的方案、授权公司对外提供财务资助、授权公司对控股子公司提供担保、利润分配方案、在 H 股实行以股代息等提案。

临时股东大会常在两次年度股东大会之间召开，需要对年度股东大会之间发生的重大事项进行决议。根据《公司法》，在出现董事人数不足《公司法》或公司章程规定人数的三分之二时、未弥补亏损规模达到实收股本总额的三分之一时、单独或合计持有公司百分之十以上股份请求时、董事会认为有必要时、监事会提议召开时及公司章程规定的其他情形时，应当在两个月内召开临时股东大会。临时股东大会的召开是为了及时对公司的重要事项进行决议。以万科企业股份有限公司 2022 年第一次临时股东大会决议为例（图 2-2 所示为万科 2022 年第一次临时股东大会决议公告），此次临时股东大会对两个提案进行了表决。第一个提案与发行直接债务融资工具相关，第二个提案与董事会发行公司股份相关。两个提案都涉及公司的重大融资行为，且时效性强。如果等到年度股东大会再进行表决，可能错失市场机会，影响公司经营。考虑到部分对公司经营有重大影响的提案存在紧急性，不能等到年度股东大会再进行决议，因此有必要设置临时股东大会。

Vanke

万科企业股份有限公司
2022 年第一次临时股东大会决议公告

证券代码：000002、299903　　证券简称：万科 A、万科 H 代

公告编号：〔万〕2022-156

> 本公司及董事会全体成员保证公告内容真实、准确和完整，没有虚假记载、误导性陈述或者重大遗漏。

特别提示：
1.2022 年第一次临时股东大会（以下简称"本次股东大会"）未出现否决提案的情形。
2.本次股东大会不涉及变更以往股东大会已通过的决议。

图 2-2　万科 2022 年第一次临时股东大会

股东大会的召开

股东大会的有效召开是股东行使权利的前提。在实践中，上市公司无正当理由不召开股东大会，交易所有权停止该上市公司股票的交易。股东大会召开的启动程序包含召集和通知。

1. 股东大会的召集

股东大会的召集人可能是董事长、副董事长，也可能是多数董事推举的董事，还有可能是监事会或满足要求的股东。《公司法》规定股东大会应当由董事会召集，董事长主持；当董事长无法履行职务时，由副董事长主持；当副董事长无法履行职务时，由半数以上董事共同推举一名董事主持；当董事会无法履行召集职责时，应由监事会召集；监事会无法履行召集职责的，由连续三个月以上单独或者合计持有公司百分之十以上股份的股东自行召集和主持。

2. 股东大会的通知

《公司法》对股东大会召开的通知进行了规定。公司应当提前 20 天将股东大会召开的时间、地点和审议事项通知给各股东。如果公司发行了无记名股票，则对股东大会召开的时间、地点和审议事项应当提前 20 天进行公告。

3. 股东大会召开程序的重要性

股东大会通过作出决议的方式对公司的重要事项进行决策。如果公司没有按照法律或公司章程的规定履行股东大会召集和通知程序，即使在股东大会上作出了决议，也会因为没有合法的召集和通知程序而影响决议的有效性，从而损害股东及公司的利益。可见，股东大会的召集和通知制度作为股东大会召开的程序性制度，只有在合法合规的情况下才能保证股东大会最终决议的有效性。

4. 保障中小股东的合法权益

在我国，股东大会的召开注重对中小股东合法权益的保障。长久以来，中小股东因为持股比例较低，所以话语权较弱，处于明显的弱势地位。在实践中，股东大会是中小股东发声的重要平台，有些公司股东大会甚至成了中小股东要求大股东解释其政策并提出反对意见的唯一场所。考虑到股东大会对中小股东的重要性，《公司法》规定除了董事会和监事会可以召集股东大会外，连续三个月以上单独或合计持有公司百分之十以上股份的股东也可以自行召集和主持股东大会。

5. 股东大会召开次数

从 2001 年到 2021 年，随着上市公司数量的增加，我国 A 股市场中的年度股东大会召开的次数也随之增加。表 2-1 所示为我国 2001 年至 2021 年 A 股股东大会召开情况。图 2-3 列示了 2001 年至 2021 年 A 股股东大会中临时股东大会召开的比例。其中，临时股东大会召开次数的增幅较为明显，其次数占比由 2001 年的 52.38% 增长至 2021 年的 71.01%。临时股东大会召开次数占比的提升意味着临时股东大会在公司决策中的作用越来越重要，即在 A 股市场上股东越来越多地通过召开临时股东大会行使自身的权利。临时股东大会在公司治理中扮演更加重要和显著的角色。

表 2-1　2001 年至 2021 年 A 股股东大会召开情况

年份	临时股东大会召开次数	年度股东大会召开次数	股东大会召开次数	临时股东大会召开次数占比
2001	1 277	1 161	2 438	52.38%
2002	1 456	1 230	2 686	54.21%
2003	1 360	1 291	2 651	51.30%
2004	1 382	1 385	2 767	49.95%
2005	1 610	1 390	3 000	53.67%
2006	2 941	1 457	4 398	66.87%
2007	2 856	1 572	4 428	64.50%
2008	3 044	1 665	4 709	64.64%
2009	3 199	1 797	4 996	64.03%
2010	4 064	2 120	6 184	65.72%
2011	4 462	2 377	6 839	65.24%
2012	5 994	2 527	8 521	70.34%
2013	4 996	2 543	7 539	66.27%
2014	5 903	2 656	8 559	68.97%
2015	7 091	2 750	9 841	72.06%

续表

年份	临时股东大会 召开次数	年度股东大会 召开次数	股东大会召开 次数	临时股东大会 召开次数占比
2016	7 940	2 917	10 857	73.13%
2017	8 544	3 209	11 753	72.70%
2018	9 068	3 535	12 603	71.95%
2019	8 823	3 654	12 477	70.71%
2020	9 780	3 872	13 652	71.64%
2021	10 561	4 312	14 873	71.01%

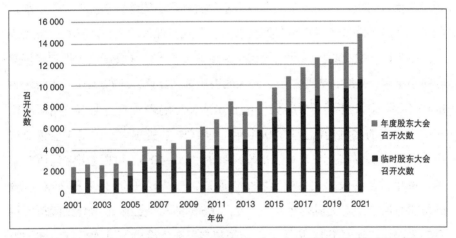

图 2-3 2001 年至 2021 年 A 股股东大会中临时股东大会召开比例

股东大会的决议

1. 提案提交员有期限

就提案而言，需要特别指出的是，股东大会不能对召集通知中和临时提案中没有列明的事项作出决议。单独或合计持有公司百分之三以上股份的股东，有权在股东大会召开前提交临时提案进行审议。临时提案应当在股东大会召开前十天提出并提交给董事会。董事会需要在收到提案的两天内通知其他股东，并提交给股东大会审议。临时提案中应有明确的讨论话题和翔实的决议事项。提案不能在会议决议时进行修改，否则会被认定为新的提案，并且只能在下一次股东大会上进行决议。

2. 决策依据——表决权

股东大会的决议不以参加会议的股东人数占比作为决策的依据，而以出席会议股东持有股票的表决权为决策的依据。通常而言，在我国，股东持有的每一股份有一份表决权。部分公司可能会存在一些特殊的规定，比如前述瑞幸咖啡案例中提到的 B 类普通股的投票权为 A 类股份的十倍。在我国，在股权登记日登记在册的股东或股东委托的代理人，都有权不受公司和召集人的约束出席股东大会。为避免后续产生纠纷，在决议被表决前，股东大会的主持人应当宣布参加会议的股东或代理人的人数及其对应的表决权份数，这一数据将作为后续决议是否生效的基准。《公司法》规定当提案与中小股东有关时，需要对中小股东的表决单独计票并公布。图 2-4 所示为 2001 年到 2021 年出席股东大会的股东所持有的表决权占上市公司所有股东的表决权的比例情况。在 2001 年，约 10% 的股东大会中出席会议股东所持有的表决权占上市公司表决权总额的 20%~40%。可以看出在 2005 年后，每年召开的股东大会中出席会议股东的表决权在 0~20% 和 20%~40% 的份额有所增加。尤其是近年来，近 70% 的股东大会中出席会议股东所持有的表决权占比在 60% 以下。这一现象与股东大会的召开次数逐年增加相一致，即随着股东大会召开次数的增加，股东每次均出席会议存在困难，单次股东大会的出席股东人数会相应减少。相应地，出席股东大会的股东所持有的表决权总额也会有所减少。

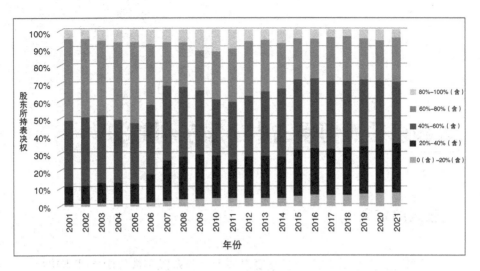

图 2-4　2001 年到 2021 年出席股东大会的股东所持表决权情况

3. 提案表决流程

股东对提案的表决只有三种可能：同意、反对、弃权。决议的通过以出席会议的股东的表决权的半数作为衡量标准。只有经出席会议的股东所持有表决权的过半数通过，决议才生效。但是，当决议的内容很重要，比如修改公司章程、增减注册资本，以及改变公司形式等，决议的通过以出席会议股东的表决权的三分之二为衡量标准。在我国，决议的计票和监票存在严格的规定，即在对提案进行表决之前公司需要推举两名股东代表参与计票和监票。计票和监票遵循回避原则，有关联关系的股东应当回避计票和监票。此外，律师和监事代表也要参与计票和监票。表决的情况和结果应当在会议现场宣布，相应的提案结果也要一并宣布。在提案的结果被公开之前，所有的参与者都负有保密的义务。

大股东是如何侵占中小股东利益的

大股东的定义

《公司法》明确规定，在重要事项上，股东以多数原则行使表决权。显然，拥有大量股份的股东比拥有较少股份的股东拥有更多的决策权，可以对公司的管理决策产生更大的影响。在成熟的资本市场，持股一般是分散的，单个自然人或者法人持股比例很高的情况很少。因此，一般持有公司 5% 以上的股份，并能直接或间接对公司的商业决策产生重大影响的股东，就可被视为大股东。遵循"实质重于形式"的原则，大股东持股比例并没有严格的规定，能否施加重大影响成了确定大股东的重要标准。因此，本书对大股东作了如下定义：只要公司的股东拥有相对多数的股份，并能对公司施加重大影响，就可以被视为大股东。

大股东侵占中小股东利益的手段

大股东侵占中小股东利益的根本原因是想通过占其他股东的便宜来实现自身利润最大化。大股东对中小股东利益的侵占通常通过直接侵占公司的利益来实现。对公司利益的侵占根据资金来源的不同可以分为经营性资金占用和非经营性资金占用。其中，占用非经营性资金是大股东的常见资金占用行为，往往是在为股东垫付资金、拆借资金或补充资金的情况下进行的。而占用经营性资金则多是在正常经营的背景下利用关联交易进行的。

在侵占的手段方面，大部分过程复杂，隐蔽性强，其中直接侵占、违规关联交易和违规担保是三种常见的手段。

1. 直接侵占

所谓直接侵占，是指大股东违反法律和相关政策规定，利用其在公司中的地位，通过各种非法手段转移或变相转移公司资金，从而损害中小股东利益的行为。直接侵占有以下形式：大股东利用自身的权力，打破公司内的资金管理体系，直接侵占公司的资金；直接将上市公司账户中的资金划拨至自己或者自己控制的账户；将上市公司募集的资金截留，据为己有；在会计处理上下功夫，比如将侵占的资金计入往来的交易款和临时借款；利用公司资金管理体系的漏洞来占用资金。比如康得新一案中，康得新的大股东——康德投资集团有限公司（以下简称"康德集团"）就与北京银行签订了服务协议。康德集团作为大股东可以无条件地使用康得新在北京银行账户的所有资金。更为致命的是，康德集团有权要求北京银行隐藏关联账户的余额，只显示总额。在这种情况下，虽然康德集团对康得新存在事实上的资金占用，但是只根据银行存款余额无法看出康得新的资金已经被占用。

2. 违规关联交易

利用关联交易侵占中小股东利益的表现是大股东在获取商品和服务的同时，并不支付相应的价款，体现在上市公司的年报中则是应收账款和其他应收款等无法收回。除此之外，还有以下表现：不公平定价、违规减持股份换取现金和劣质资产置换。不公平定价在实践中极为常见。在与关联公司的交易中，大股东会通过更高的售卖价和更低的购买价获得更多的利益，从而窃取本该归属于中小股东的收益。违规减持股份换取现金则是大股东利用获取的内幕消息，对所持有的股票进行套现操作，而中小股东处于信息劣势，无法根据公司真实情况操作股票，从而导致正当投资利益被大股东所赚取。劣质资产置换则是大股东利用其决策权，以一些公允价值显著更低的资产换取上市公司公允价值更高的资产。

3. 违规担保

除直接侵占和违规关联交易外，大股东还可能会通过违规担保的方式侵占中小股东利益。违规担保是指上市公司为大股东的贷款提供担保，如果大股东的贷款无法及时偿还，上市公司则需要承担偿还的责任。在违规担保中，大股东透支的是包含中小股东利益在内的公司信用，当大股东的债务偿还出现问题时，中小股东实际上需要为大股东的贷款承担责任。实务中，大股东往往会要求上市公司不按照交易所的要求对可能违规的担保行为进行披露。

大股东侵占的后果

无论是直接侵占、违规关联交易，还是违规担保，大股东对资金的占用都会造成不可估量的损失，轻则影响公司运营，重则使公司受牵连破产。首先，这些侵占手段一方面会使中小股东的利益受损，另一方面还会造成次生灾害。大股东对中小股东的侵占行为首先会增加公司的经营风险，影响公司的生产经营活动，从而使得公司的未来收益减少，使中小股东无法收回预期的投资收益。其次，大股东的侵占行为会激化股东与管理层之间的矛盾，甚至会使公司的管理层发生变动，而频繁的管理层变动会使公司破产的风险增加，进而导致中小股东的利益受到损失。最后，大股东的侵占行为会造成股价的波动，从而影响资本市场的稳定性，而中小股东的资金安全与资本市场的稳定息息相关。

股权质押加剧侵占

1. 大股东股权质押的原因

股权质押是一种权利质押，是质押人将股东的权利质押的一种行为。大股东的股权质押只是对股东财产权的质押，而不是对其全部权利的质押。换句话说，大股东在股权质押后继续享有其他权利，如对公司重要决策的投票权和人事处置权，且对公司的实际控制权也没有改变。一般来说，在股权质押发生之前，交易双方会事先确定交易金额、利率、强制止损线、资本管理等指标，以确保交易的正常进行。如果质押人在质押期间没有违约，则可以在到期后收回股权。因此，股权质押是大股东在不失去控制权的情况下进行融资的便捷方式。股权质押主要有两种用途：大股东主动质押以满足未来投资需求；大股东被动质押以弥补现金流短缺。根据我国法律法规，股东进行股权质押必须向有关部门登记。

2. 大股东股权质押的风险

大股东将股权进行质押会增加公司的经营风险，也会增加侵占行为发生的概率。一方面，因为在股权质押之后，如果股价下降到止损线，质权人有权选择平仓，这就给恶意收购者提供了机会。当恶意收购发生时，公司的股权结构会发生较大的变化，有可能造成所有股东的损失。另一方面，股权质押增加了公司经营的风险，当市场下行时，公司破产的风险增加，股东的财富可能受到威胁。更为重要和致命的是，股权质押所导致的控制权和现金流权分离为大股东的侵占行为提供了条件。将股权质押出去的大股东实际上已经获得了股权对应的一定比例的现金收益，但由于其依然拥有对公司的控制权，因此其所面临的约束进一步减少，其侵占行为给自身带来的损失也会降低。股权质押带来的风险具体表现在大股东可以利用自身的信息、资源和控制权的优势，选择对自身有利的经济行为，而不顾中小股东的利益。在制定决策时，大股东也会更加肆无忌惮，选择对自身更加有利的策略，而牺牲中小股东和债权人的利益。

3. 大股东股权质押的现状

图 2-5 列示了 2014 年至 2021 年，A 股股权质押比例的变化情况。纵观 A 股市场，在 2014 年到 2019 年期间，A 股股权质押比例均高于10%。2014 年到 2018 年 A 股股权质押比例快速上升是因为 2013 年 6 月沪深交易所推出了证券公司股权质押式协议回购业务。以券商和银行为主的场内质押模式，因为其时效性、便利性以及市场化等特点得到了投资者的青睐，带动股权质押业务成交量迅速增加。但因股权质押业务隐藏着巨

大的风险，我国政府于 2018 年颁布了包括质押新规在内的诸多新规。这些
新规进一步规范了股权质押业务的相关内容，自此，股权质押业务进入下
行区间，A 股股权质押比例也逐步下跌。

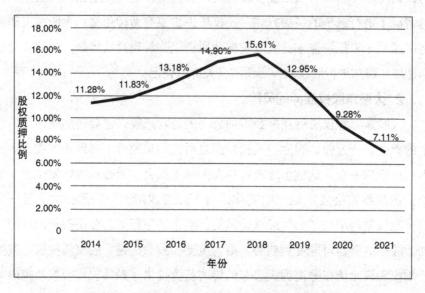

图 2-5　2014 年至 2021 年 A 股股权质押比例

中小股东的维权之路

中小股东缘何维权困难

1. 中小股东话语权弱

中小股东的话语权弱是中小股东维权困难的根本原因。中小股东的持股相较于大股东而言明显更少。单个中小股东所持股票的表决权难以影响公司的决策，这是中小股东话语权弱的深层次原因。与此同时，中小股东缺位于公司治理也进一步削弱了中小股东在公司的话语权。中小股东的缺位主要有两方面原因。一方面，许多中小股东并不具备专业的财务知识和分析能力，且较多的中小股东实际上是以投机的心态来选取股票的，在购买完股票之后，并不关注公司的实际运营，对公司定期披露的财务报表和公司举行的各类会议并不关心。另一方面，许多中小股东受限于时间和精力，会选择放弃参与公司经营管理的权利。不同于机构投资者等大股东，中小股东往往不是专职投资，其积极参与单个上市公司的治理需要花费的成本往往高于带来的收益。长期缺位于公司治理使得中小股东处于极其被动的地位，也使得其话语权减弱。缺乏话语权的中小股东不具备对大股东的制约能力，因而无法抑制大股东的停占行为，在侵占行为发生后也难以及时保障自身的合法权益。

2. 公司内部治理不完善

公司内部治理的不完善同样是中小股东维权困难的重要原因。良好的公司治理能够对大股东形成有效的制衡，使得中小股东的权益能够得到更好的保障。而当公司内部制度存在缺陷，比如治理层与管理层高度重合、公司规章存在缺陷、独立董事和监事会形同虚设等，会导致公司内部无法形成有效的监督，使得中小股东维护自身权利变得格外艰难。例如在康美药业一案过后，A股上市公司短时间内有大量的独立董事辞职。在上市公司中，独立董事的离职一定程度上意味着公司独立董事制度存在缺陷，也在一定程度上暴露了我国上市公司内部治理的不完善。

3. 外部监督机制不健全

中小股东维权困难还与外部监督机制不健全相关。在新《证券法》颁布前，我国对证券违法违规公司的处罚力度仅仅是不高于60万元的处罚。即使是康美药业这样的财务造假规模如此大的案件，按照旧《证券法》，公司也只受到顶格处罚数十万元。作为犯罪主体的公司大股东往往也只是承担被谴责、批评和市场禁入的处罚。这些处罚相较于大股东侵占小股东利益而获得的财富微不足道。实际上，监管机构还存在监管滞后的问题。往往当监管机构注意到上市公司可能存在利益侵占行为时，中小股东的利益已经事实上被侵占。因为在大多数时候，当公司经营不正常时，交易所会通过发问询函的方式加以关注。问询函并没有办法阻止上市公司选择坚持完成某笔交易。另外，中介机构的不独立使得中小股东难以意识到自身利益被侵占。不独立的评估机构和会计师事务所出具的不真实的评估报告和财务报告，只会进一步误导中小股东，使得中小股东难以意识到自身的权益已被侵犯，更勿论维护自身的权益了。

中小股东如何维权

1. 积极参与公司治理

中小股东想要维护自身利益，好的手段是积极参与公司的治理。现有的法规、政策都对中小股东参与公司治理有着明确的保障。比如表决权制度中特别提及当涉及中小股东利益时，要公布中小股东单独的投票和计票结果。证监会发布的保障办法中也多次提到要强化中小股东参与公司治理的保障。早在 2004 年，证监会就出台了文件强调要更多地使用网络投票、分类表决和累积投票。实际上，这三个方法能够非常有效地保障中小股东参与公司治理。就网络投票这一手段而言，网络可以突破时间和地域的限制，同时可以节省成本。公司的中小股东往往分布在全国甚至全球各地，线下参会面临着较多限制。而网络投票则有效地降低了中小股东的行权成本。即使是持股比例较低的小股东，也可以通过网络直接投票，省去差旅费用等开支。就分类表决而言，更是直接保障了中小股东的利益。中小股东持股比例低，话语权较弱，而分类表决则通过限制大股东投票权来增强中小股东的投票权，进而提升中小股东的话语权。就累积投票而言，其大幅度地提高了中小股东提名董事的可能性。累积投票可以避免大股东股权过分集中导致中小股东集体失声的现象。中小股东通过积极参与公司治理可以有效地制衡大股东和高管的行为，能够有效地保障自身的权益。

2. 加强监督意识

中小股东想要保障自身利益不被侵犯，应当加强自身的监督意识。中小股东应当积极参加公司的股东大会，针对公司的各项提案，积极地提出自己的看法和意见，当对公司的政策存在疑惑时，也应当及时地与公司管理层沟通。此外，我国上市公司的信息披露制度较为完善，上市公司披露的信息也较为完备。通常而言，我国上市公司都设有专门的信息公开渠道和沟通专员，中小股东也可以通过信息公开渠道及时了解公司的各项信息，并通过上市公司投资互动平台、股东大会等渠道与公司积极沟通。东方财富、雪球等投资交流平台也会提供公司的分析信息。这些信息都有助于中小股东了解公司的经营现状。中小股东对公司的持续关注和监督实际上能减少公司大股东肆意践踏中小股东利益的可能性。

同时，中小股东可以积极利用新媒体的传播优势来增强对上市公司的监督，从而使上市公司的大股东不敢轻易侵占中小股东的利益。需要注意的是，对新媒体舆论的使用应当遵循客观的事实，不应当捏造谣言来获取自身的影响力。

3. 增强维权意识

中小股东自身要加强维权意识。投资者与上市公司之间存在着严重的信息不对称，很多投资者不了解相关法律和投资者权利，没有维权意识；也有的投资者由于各种原因对维权诉讼缺乏信心，不参与维权。既然购买商品时我们知道要维权，为什么购买股票时不维权？中小股东为什么不积极维护自身的权益？作为公司所有者，中小股东要勇敢拿起法律武器来维护自身的权利。单个中小的力量是薄弱的，但各中小股东之间应形成联动，团结起来维护自己的权益。当众多中小股东的利益受到严重损害，而上市公司及其管理层消极对待中小股东利益受损、不积极采取相关措施进行补救时，中小股东可以通过建立联盟，指定共同代表对上市公司整体提起诉讼。

中证中小投资者服务中心

针对 A 股中小投资者权益难以得到保障的现状，2013 年 12 月 25 日，《国务院办公厅关于进一步加强资本市场中小投资者合法权益保护工作的意见》（国办法〔2013〕110 号）指出，要完善投资者保护组织体系，尤其是要完善对中小投资者的保护体系。该文件特别提出可以探索建立中小投资者自律组织和公益维权组织，通过设立组织的形式互帮互助，提供专业化服务，形成威慑力量，为中小投资者提供救助和帮助。在该文件的指导下，证监会迅速展开行动，成立中证中小投资者服务中心（以下简称"投服中心"）。该中心并非事业单位或者政府部门，而是作为一家充分市场化的企业来运营。该中心于 2014 年 12 月 5 日正式成立，登记为有限责任公司，归属于证监会管理，其注册资金达到了 30 亿元。中小投资者可以通过投服中心的帮助来维护自身的合法权益不被大股东所侵占。

1. 定位与职责

在定位上，投服中心是一家具有公益服务性质的咨询机构，为投资者提供金融咨询服务。其主要职责如下。

①对广大的投资者进行公益宣传和投资教育。大多数中小投资者不具

备专业的财务分析能力和专业投资能力，在投服中心的宣传和教育下，中小投资者对自身权益和资本市场的认识会更加深刻。

②行使股东或证券持有人的权利。投服中心持有每家 A 股上市公司的一手（100 股）股票，是相关公司的投资者。作为公司的股东，投服中心有权行使股东或者证券持有人的权利。

③接受投资者委托，为投资者提供调解服务、公益诉讼服务。投服中心是一家公益性质的服务咨询机构，因此其具有提供调解服务和公益诉讼服务的职能，中小投资者无须花费更多的时间和精力就能享受到调解服务和公益诉讼服务。

④建设、管理和维护中国投资者网。该网站实际上是中小投资者交流、学习和反馈的平台。

⑤代表投资者向相关监管部门反映情况。投服中心归属于证监会管理，能够及时地将中小投资者关心的问题传递给证监会等监管部门或机构。

⑥证监会委托的其他业务。

作为一家企业，投服中心的上述职责归纳来讲，无外乎执法服务、纠纷调解、维权服务、投资者教育和调查监测等五大主要职责，覆盖了中小投资者可能遇到的大多数问题，能够有效地维护中小投资者的利益。

2. 运作方式

投服中心是所有 A 股上市公司的中小股东。作为持股比例较小的股东，投服中心主要通过两条路径对上市公司进行震慑。一是专业路径，投服中心是专业的投资者保护机构，其具有较强的财务能力和市场能力，对上市公司的错误行为有较强的识别能力，可以通过行使权利对上市公司进行有效震慑。二是监管者路径，投服中心归属于证监会管理，在一定程度上代表的是行政监管部门的意志。由于行政监管部门拥有对上市公司的行政审批权和监督处罚权，因此上市公司处于相对弱势地位，行政监管部门拥有的权力也能对上市公司产生震慑作用。

对瑞幸咖啡股东大会疑云的解答

参会股东

此次股东大会限制了部分股东参会的权利，只邀请了少部分股东参加，未被邀请的股东不被允许进入会场。我国对上市公司的相关规定表明，股权登记日登记在册的所有普通股股东或其代理人均有权出席股东大会，公司和召集人不得以任何理由拒绝。瑞幸咖啡在美国的纳斯达克证券交易所上市，美国证券交易委员会规定上市公司不得拒绝符合资质的股东参与会议。显然瑞幸咖啡只允许部分特定股东参会，而限制其他股东参会的行为实质上是破坏了股东参与公司治理的权利，因为会议的召集人可能通过挑选支持己方提案的股东参会来操纵股东大会的表决。

参会股东表决权

此次股东大会限制了参会股东的表决权。博智投资基金所持有的 B 类普通股是否具有超级投票权应当由召集人和律师共同验证。而在公司律师参会的情况下，陆正耀限制了律师发表专业意见的权利，从而限制博智投资基金的表决权，进而提升自身的话语权。

计票和监票

此次股东大会的计票和监票也不合规。陆正耀与表决的提案存在密切的利益关系，但依然参与了计票。同时，监票的规定也形同虚设，在与会股东指出股东大会投票应该由律师或验票员共同监票时，陆正耀依然强势地宣布了表决的结果。在缺乏其他专业人员监督的情形下，与表决提案存在关联关系的陆正耀完全有能力单方面操纵计票的结果，以实现自身的利益最大化。

驳回异议

陆正耀在此次股东大会中多次以"作为主席，驳回你的异议"的发言驳回其他股东的异议，这种做法不符合规定。陆正耀是需要决议的提案的重要受益方，又企图控制表决的计票和监票的过程，在此种情形下，其他股东提出质疑是正常且合理的。股东大会是公司的权力机构，股东通过股东大会合法行使对公司的所有权。股东大会中提案的表决应当是与会股东共同决定的，不能只遵守和迁就某个个体的意志，即使陆正耀是股东大会的主席，其依然无权驳回其他股东的正常质疑。即使陆正耀在股东大会强行操纵表决通过，也不意味着表决是有效的。《公司法》就规定股东大会的召集程序、表决方式违反行政法规或公司章程的，股东有权请求人民法院撤销决议。

总而言之，陆正耀通过在股东大会流程上的诸多不合规操纵完全操纵了此次特别股东大会。

案例分析与讨论：
康美风云之中小股东维权

　　康美药业财务造假是我国十分严重的财务造假案。在 2015 年，康美药业就已经达到了千亿元的市值，成为医药行业耀眼的新星。康美药业一度被认为是市场的"白马股"，拿过国家级、省市级各类奖项。在世人眼中，康美药业势必会带领中药产业走向辉煌。在当时谁也不会想到在市场中如此得人心的康美药业的背后竟是规模惊人的造假。

1. "存贷双高"

　　2018 年 5 月，康美药业的股价达到了巅峰，但市场上却出现了质疑的声音，许多投资者对康美药业"存贷双高"的质疑拉开了揭开康美药业造假案的序幕。"存贷双高"是康美药业财务数据所表现出来的典型特征。"存贷双高"表示公司的存款和贷款比例都很高，这体现在货币资金及有息负债占总资产比例一直高于行业平均水平。康美药业的这两个比例不仅高于同行业的平均水平，还呈现出逐年上升的趋势，这一度引起了市场的讨论：为什么康美药业在账面资金充足的情况下还要高额借款？2018 年 10 月 16 日，有媒体发布《康美药业究竟有没有谎言》，公开通过"存贷双高"这一事实质疑康美药业存在严重的财务造假行为。这一天也在后来的判决中被广州市中级人民法院认定为虚假披露行为的披露日。面对质疑，康美药业的回应则略显无力，2018 年 10 月 18 日，康美药业发布公告声称，公司储备高额的货币资金是为了及时抓住未来的战略机遇。这一解释显然不能让大众信服。一篇名为《康美药业盘中跌停，疑似财务问题自爆：

现金可疑，人参更可疑》的文章更是进一步犀利地指出了两大谜团："存贷双高"是否真的如辩解所称是为了抓住战略机遇，康美药业财务报表中的资产是否真实存在。

2. 调查结果

根据调查的结果，康美药业在 2016 年到 2018 年虚增了巨额的营业收入、利息收入、营业利润和货币资金。2016 年虚增收入近 90 亿元，2017 年虚增收入 100 多亿元，2018 年虚增收入 16.13 亿元。其中每年虚增的货币资金都占公司总资产的 50% 左右。2018 年半年报中虚增的货币资金甚至达到了公司净资产的 108.24%。可以说，康美药业每年通过巨额造假营造良好的经营表现。众多投资者追捧的"白马股"背后是一场骗局和一片狼藉。

3. 投资者损失

几十万的投资者因康美药业的造假付出了真金实银的惨重代价。其中绝大部分为中小投资者，可以说康美药业财务造假的后果大部分由中小投资者承担。根据媒体报道，一部分投资者在康美药业财务造假案被通报之后的损失甚至高达数百万元。康美药业如果无法自救，几十万投资者的损失必然无法得以弥补。因此，监管者也始终未对康美药业是否退市过多表态。许多中小投资者奔赴康美药业的办公楼和当地政府门口申诉，希望能够挽回自身的损失。

4. 特别代表人诉讼

（1）投服中心参与诉讼

康美药业证券纠纷案是全国首例特别代表人诉讼案件，值得注意的是，其中还出现了投服中心的身影。案件中的特别代表人就是中小投资者保护机构——投服中心。2021 年 4 月 8 日，投服中心接受了康美药业 56 名中小投资者的委托，向法院申请作为代表人参与诉讼。广州市中级人民法院根据最高人民法院指定管辖，采用特别代表人诉讼程序审理康美药业证券纠纷案。广州市中级人民法院同时发布了特别代表人诉讼权利登记的公告，即康美药业证券纠纷案的诉讼按照"默示加入、明示退出"的原则开展。

中小投资者无须付出太多行动，即可享受到投服中心作为特别代表人争取来的利益。这进一步减轻了中小投资者诉讼的负担和降低了成本。最终，投服中心作为康美药业证券纠纷案中数万名中心投资者的特别代表人参与了案件的诉讼，代表这部分中小投资者争取利益。

（2）投服中心的积极作用

投服中心作为特别代表人参与诉讼，使得康美药业证券纠纷案从普通代表人诉讼案件转为特别代表人诉讼案件。康美药业证券纠纷案作为我国首例特别代表人诉讼案件，成了我国资本市场的标志性事件。康美药业财务造假多达数百亿元，康美药业对市场和投资者不存在任何敬畏，严重损害了投资者的合法财产利益。我国资本市场是以个人投资者为主的资本市场，中小投资者数量多、比重大，是 A 股市场的绝对参与主体。长期以来，因为持股比例较低、话语权较弱，这些中小投资者的利益无法得到保障。特别代表人诉讼有助于为中小投资者得到合理、高效而公平的赔偿扫清障碍。投服中心拥有诉讼特别代表人资格，可以根据投资者的授权取得特别代表人的法律地位。我国制度规定，投资者保护机构诉讼必须由投资者保护机构参加，才能从普通代表人诉讼转为特别代表人诉讼，这是与其他国家诉讼的重要区别之一，旨在有效避免其他主体在利益驱动下可能出现的侵权行为。需要指出的是，我国的特别代表人诉讼制度坚持公益性和技术性，希望能提高维权效率，降低维权成本。在我国，投服中心以特别代表人身份参与诉讼，除进行特别代表人诉讼所需的费用外，不收取其他费用。中小投资者也不需要预交案件受理费，即使败诉需要承担诉讼费，也可以根据具体情况申请减免，在申请诉讼财产保全时，也可以免于提供担保。特别代表人诉讼通过专业的代理机制、专业技术支持和诉讼费减免等制度，大大降低了中小投资者维权成本和诉讼风险，有利于解决受害人多而分散时诉讼难、诉讼贵的问题。此外，特别代表人诉讼有利于上市公司和中介机构完善内部治理，规范市场运作，共同提高资本市场的诚信度，打造一个规范、透明、开放、有活力、有弹性的资本市场。

问题讨论 1：“存贷双高”的现象在 A 股市场较为常见，其出现的原因可能有哪些?

问题讨论 2：投服中心除了作为特别代表人参与诉讼，还能以何种方式保护中小投资者的利益?

扫码即可查看
本章问题讨论答案

董事会：董事会如何
保持独立

一个案例引起的思考：
舍得酒业董事会如何"舍得"

1. 国企混改下的暗流

四川沱牌舍得酒业股份有限公司（以下简称"舍得酒业"），原名四川沱牌实业股份有限公司，于 1940 年创办于沱牌镇。舍得酒业曾是四川省射洪市人民政府最终控制的地方国有企业，也是浓香型白酒的重要代表之一，曾被誉为"川酒六朵金花"之一，于 1996 年在上海证券交易所上市。

2003 年 10 月 21 日，舍得酒业发布公告称其已被列入四川省重点改制企业名单，实际控制人射洪市人民政府正在积极推进混合所有制改革工作，即在舍得酒业中引入民营资本，以增强企业活力。但在此后的很长一段时间，舍得酒业民营资本的引入均以失败告终。直至 2015 年，天洋控股集团有限公司（以下简称"天洋集团"）以公开竞拍的方式取得了舍得酒业的控股股东四川沱牌舍得集团有限公司（以下简称"沱牌集团"）70% 的股权，且 88.08% 的股权转让溢价率也创下了当时四川省国企混改的最高增值额纪录，此次混改被认为是四川省国企混改的样板。

天洋集团于 1993 年成立，是一家大型的多元化控股集团，在取得舍得酒业的股权后，其董事会主席周政成了舍得酒业的实际控制人。

天洋集团取得舍得酒业控股权后的第一件事便是对董事会进行改组。2016 年 7 月 5 日，舍得酒业更改公司章程，将董事会总人数由 9 人增加至 11 人，同时将沱牌集团原本委派的 4 名董事和舍得酒业内部提拔的 2 名董事全部撤掉，并新增了天洋集团委派的包括周政、刘力（周政的妹夫）等在内的 6 名董事，且周政担任董事长，刘力担任副董事长和总经理职务。舍得酒业的其他 5 名董事均为独立董事，且有 2 名由天洋集团提名。2017 年，舍得酒业再次调整董事会结构，将董事会总人数由 11 人变更为 9 人，此时天洋集团任命的董事占董事会全部董事的 55.56%，董事会中仅有张树平一人为舍得酒业的老员工。

2. 国企混改后问题频发

舍得酒业的公司治理并没有在混合所有制改革和董事会调整后有所改善，反而还出现了公司信息披露违规、实际控制人股权遭到冻结、关联方资金占用等严重的违规问题。2020 年 9 月 2 日，信永中和会计师事务所向上海证券交易所表示，天洋集团及其关联方因资金紧张等原因非经营性占用舍得酒业资金 40.1 亿元，其中 2019 年度累计发生金额约 21.6 亿元，2020 年至 2023 年累计发生金额约 18.5 亿元，且仍有 4.75 亿元尚未收回。信永中和会计师事务所经核查表示，资金违规占用过程主要由当时的董事会成员刘力（董事长）、吴健（营销总经理）、李强（副董事长、总经理）等人决策和执行，而这些董事均由天洋集团委派。这一严重的关联方资金占用行为直接导致舍得酒业被上海证券交易所实施 ST 风险警示，上述董事也因涉嫌背信损害上市公司利益罪被公安机关刑事立案调查。

事实上，天洋集团作为舍得酒业控股股东，其违规行为在这之前就初显端倪。早在 2015 年年底，天洋集团持有的部分舍得酒业股份就遭到了司法冻结，并在随后的 4 年里，屡次出现因资金缺口过大等问题被第三方要求司法冻结股份的事情。其间，舍得酒业的信息披露也频繁出现违规行为，并在 2020 年 9 月因违反相关信息披露规定被出具警示函。

3. 应对措施

在舍得酒业被爆出关联方违规占用资金的事情后，射洪市人民政府果断采取措施。首先撤下公司财务负责人李富全、董事长刘力、副董事长李强、董事张绍平等董事会成员，并在 2020 年 9 月 29 日和 10 月 16 日分别召开股东大会，选任新一届的董事会成员，其中 4 名新上任的董事均从舍得酒业内部选拔，来自天洋集团的董事仅有 2 名。在射洪市人民政府一系列改革动作之下，资本市场对舍得酒业的信心也得到有效的提振，舍得酒业的股价从 2020 年 9 月 28 日 27.67 元 / 股的低点上涨至 2020 年 10 月 30 日 46.25 元 / 股的高点。

　　想一想：为什么舍得酒业的董事会没能阻止天洋集团违规占用资金的行为？

董事会的职能是什么

董事会是现代公司治理体系的基本要素和重要组成之一，其在法律上通常被认为是由股东大会根据法律法规和公司章程选举的代表股东行使股东权利的公司常设机构。董事会承担着对股东的受托责任，起到连接股东和管理层的桥梁作用，是股东确保管理层所做的决策符合股东利益的重要机构。《公司法》规定股份制有限公司必须设立董事会。

现代公司治理体系之所以产生对董事会的需求，一个很重要的原因在于现代公司的重要特征之一是股东人数众多，股东通过股东大会等方式直接行使权利的成本和难度较高，因此产生了选举董事作为董事会成员来代表股东行使权利的需求。因此，从这个意义上来说，董事会的核心职责就是向股东负责，替股东行使好权利。

现有的文献和理论一般将董事会的职能概括为监督和咨询。监督即指董事会代表股东监督管理层，这是董事会基本的职能；咨询则是指董事会向管理层的日常经营决策提供建议，是董事会成员拥有专业能力的集中体现。现实中，董事会的具体权力和职责是由公司章程所规定的，因此不同公司中的董事会职能并不完全相同。就中国的公司治理实践而言，《公司法》规定了董事会具有的十一项职权，可以概括为表 3-1 所示的四类：履行股东的受托责任、重大事项决策、内部制度决定和高管人事安排。

表3-1   董事会的职权

履行股东的受托责任	内部制度决定
（一）召集股东会会议，并向股东会报告工作 （二）执行股东会的决议	（一）制定公司的基本管理制度 （二）公司章程规定的其他职权
重大事项决策	**高管人事安排**
（一）决定公司的经营计划和投资方案 （二）制订公司的年度财务预算方案、决算方案 （三）制订公司的利润分配方案和弥补亏损方案 （四）制订公司增加或者减少注册资本以及发行公司债券的方案 （五）制订公司合并、分立、解散或者变更公司形式的方案	（一）决定公司内部管理机构的设置 （二）决定聘任或者解聘公司经理及其报酬事项，并根据经理的提名决定聘任或者解聘公司副经理、财务负责人及其报酬事项

董事会是如何运行的

　　董事会职能的高效落实依赖于董事会的构成合理性和组织有效性。董事会作为一个由董事构成的领导集体，其职能是由每一位董事以及他们组成的不同委员会实现的。因此，一个董事会能否起到改善公司治理的作用，首先取决于每个董事是否具有能力、是否能够发挥作用以及董事之间是否能够互相协调配合。接下来将重点介绍董事会的成员构成、组织模式以及董事会的专门委员会等。

董事会的成员构成

　　根据董事在公司的任职情况，可以将董事分为内部董事和外部董事，也可以称之为执行董事和非执行董事。其中内部董事是指除了在董事会担任董事，还在管理层中任职的董事，CEO 是典型的内部董事。外部董事则是除董事身份外，与公司没有其他契约关系的董事，其通常需具备较强的专业能力，能够在公司和董事会遇到问题时提出自己的建议或意见，并监督管理层。董事还可分为独立董事和非独立董事。所谓独立董事，是指独立于公司股东且不在公司内部任职，并与管理层和股东没有重要的亲属关系、业务关系或隶属关系，能够对公司事务作出独立判断的董事。独立董事制度是董事会治理体系中非常重要的一个组成部分。非独立董事则是指与公司或执行董事存在某种利益关系，并可能影响其独立判断的董事。非独立董事可以分为两种：第一，内部非独立董事，即股东董事和雇员董事；

第二，灰色独立董事，即内部董事的家眷亲属、公司律师、公司咨询顾问、构投资者和银行家等。

关于董事会应该包含多少名董事这一点，目前在理论上没有最优规模，这取决于每个公司的具体情况，但从总体上来说，董事会的规模并非越大越好。这是因为董事会的人数越多，协调各董事意见所需花费的时间就越多，董事会的效率就越低。当然，董事人数如果太少，则董事会缺乏足够的能力来落实诸多职能，此外还有可能使得董事会的权力被某几位董事把握，形成实质上的寡头政治，这不利于公司治理。美国的数据统计的结果表明，美国大公司的董事会人数呈现出减少的趋势，从 1988 年的平均 15人，到 1993 年的平均 13 人，再到 1998 年的平均 12 人。《公司法》规定股份有限公司的董事会人数在 5 到 19 人，从实践来看，我国 A 股非金融行业的上市公司董事会人数通常为 8 至 10 人，并呈现出总体减少的趋势，从 2000 年左右的近 10 人，下降到 2021 年的大约 8 人。2000 年至 2021年 A 股上市公司的董事会规模变化如图 3-1 所示。

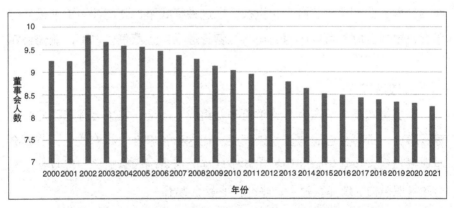

图 3-1　2000 年至 2021 年 A 股上市公司的董事会规模变化

董事会的组织模式

董事会主要存在三种重要的组织模式：以美国、英国为代表的单层模式，以德国为代表的双层模式，以日本、中国为代表的混合模式，具体如

图 3-2 所示。

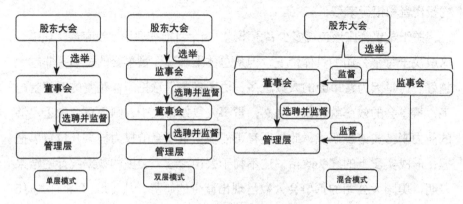

图 3-2　不同的董事会组织模式

1. 单层模式

单层模式是指股东大会选举产生董事并形成董事会，董事会负责选聘并监督管理层。董事会在其内部设立各种专门委员会，并由其负责对管理层的选聘、业绩评价、激励和更换。在这种模式下，公司并不单独设立监事会，董事会成员可以作为公司的经营管理人员，董事长也可以兼任公司的 CEO。

2. 双层模式

双层模式是指股东大会选举监事并组成监事会，监事会选聘并监督管理董事会，董事会选聘并监督管理层。在这种董事会组织模式中，监事会主要承担认定企业经营的结果和判定结果的质量的回顾功能，以及对最高行政管理机构的选择、领导、评价和平衡的功能。

3. 混合模式

混合模式是一种介于单层模式和双层模式之间的董事会组织模式。在混合模式下，股东大会同时选举董事、监事并形成董事会和监事会，董事会选聘并监督管理层，并向股东大会负责。监事会同时监督董事会和管理层，并向股东负责。在这一模式中，董事会和监事会基本处于同级地位。

董事会的专门委员会

在实践中，董事会的各项职能通常是通过其内部设立的各种专门委员会来落实的，一般包括执行委员会、审计委员会、薪酬委员会、提名委员会、战略委员会等，不同的委员会分别对应董事会的不同职能，具体如图 3-3 所示。

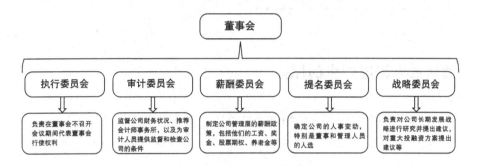

图 3-3　董事会的专门委员会

执行委员会是由公司的执行董事和非执行董事的高级经理人员组成的。CEO 一般担任执行委员会主席。执行委员会一般负责在董事会不召开会议期间代表董事会行使权利。

审计委员会主要行使监督公司财务状况、推荐会计师事务所，以及为内部和外部审计人员提供监督和检查公司高级管理人员履行职务活动的条件的职权。由于审计工作和股东的利益密切相关，因此审计委员会一般需要由具备行业专长和专业知识的董事，特别是独立董事构成。

薪酬委员会的主要职权是制定公司管理层的薪酬政策，包括他们的工资、奖金、股票期权、养老金等。

提名委员会的主要职权是确定公司的人事变动，特别是董事和管理人员的人选。提名委员会应该向董事会全体人员提名董事候选人，同时有责任提名董事会下属委员会的组成人员和向董事会建议 CEO 的人选。

战略委员会通常负责对公司长期发展战略进行研究并提出建议，此外还负责对重大投融资方案提出建议等。

独立董事制度无效吗

独立董事制度产生的原因

独立董事以及独立董事制度的有效性一直是中国资本市场中备受关注的问题，人们关注的焦点在于独立董事能否起到改善公司治理的作用。

尽管世界各国的董事会制度、组织模式和职权安排并不完全相同，但独立董事制度在世界各国基本是相同的。独立董事制度最早是英、美等国的公司在提高其治理效率的过程中逐步探索出的一种公司治理制度。早在20世纪40年代，美国证券交易委员会（SEC）就在《1940年投资公司法》中要求和公司没有利益关系的董事占投资公司董事会成员的比例不得低于40%。独立董事制度的出现与董事会公司治理的失效有关。虽然在公司治理模式下，股东任命董事组成董事会代替自己行使权利，董事会负责任命管理层和公司的重大事项决策，但由于股权结构日益分散和CEO权力不断增强等原因，董事会逐渐被CEO所控制，成了名义上的决策者，而实际上公司的日常经营和重大事项基本都取决于CEO，董事会公司治理的失效促使独立董事制度的出现。

此外，自20世纪70年代以来大型公司不断发生治理失败的丑闻，针对董事的诉讼也在不断增加，以及21世纪初安然事件的爆发，导致对独立董事的需求不断增加。

独立董事制度的机制

独立董事制度之所以能起到改善公司治理的作用，现有的理论认为是由其独立性机制、声誉机制和专业能力机制共同决定的。

1. 独立性机制

有研究认为独立董事不依赖于 CEO，没有动机和管理层合谋，因此能够更好地监督管理层。还有一系列的实证研究揭示出独立董事在 CEO 选聘、评价和薪酬设定方面具有积极作用。

2. 声誉机制

实践中同一人可以在多家公司同时担任独立董事，因此独立董事往往非常注重自己在劳动力市场上的声誉。其会积极工作以尽量避免自己所在的某家公司出现公司治理的丑闻，从而对自身的声誉产生不好的影响。

3. 专业能力机制

独立董事通常具有一定的专业特长，这种专业特长体现为他们过去或现在的工作经历、所拥有的某些专业知识、所具备的政治背景等，这有助于他们监督 CEO 和股东的机会主义行为，并为公司的重要决策提供建议。例如，有研究发现审计委员会中独立董事财务方面的专业能力越强，公司后续财务重述的概率越低；也有研究发现外籍独立董事能够显著提高跨境并购的成功率。当然，要保证独立董事能够发挥应有的作用，公司必须对他们进行足够的激励。

我国独立董事制度的实践

中国上市公司典型的公司治理问题并非 CEO 和股东之间的代理问题，而是一股独大造成的大股东和中小股东之间的代理问题。在控股股东一股独大的背景下，董事会作为公司治理机制的意义自然就弱了很多，控股股东往往利用其对公司的绝对控制权，提拔和任命熟人或亲信担任董事，此时的董事会已然成为控股股东绝对意志的体现，自然很难起到公司治理的作用。为此，中国资本市场引入独立董事制度可以说在一定程度上是为了缓解大股东一股独大问题对公司治理体系造成的破坏。

1. 中国独立董事制度的产生

中国的独立董事制度是由监管部门逐步推行建立起来的，而非自发形成或呼吁产生的。1997 年证监会发布的《上市公司章程指引》设置了选择性条款，规定公司可以根据需要设立独立董事。2001 年证监会发布的《关于在上市公司建立独立董事制度的指导意见》（下文简称《指导意见》）才正式要求所有的上市公司必须在 2003 年 6 月前设立独立董事，且独立董事需要占董事会人数的三分之一以上。中国的独立董事制度虽然经历了多次政策调整，但基本的方向都是强化独立董事的权责，如表 3-2 所示。从来源来看，中国上市公司的独立董事主要是高校学者、会计师和律师，而在高校学者中，又以具有财务或法律背景的学者为主，这与《指导意见》和中国香港证券交易所要求独立董事必须至少有一位会计专业人士有很大的关系。

表 3-2　中国的独立董事制度变迁

时间	事件
1993 年	青岛啤酒股份（00168.HK）在登陆中国香港证券交易所时聘请了两名独立董事，成为我国第一家设立独立董事的上市公司
1997 年	证监会在颁布的《上市公司章程指引》中提出鼓励上市公司根据需要设立独立董事
1999 年	《关于进一步促进境外上市公司规范运作和深化改革的意见》强调逐步建立健全外部董事和独立董事制度，规定了境外上市公司必须实行独立董事制度
2001 年	证监会发布的《关于在上市公司建立独立董事制度的指导意见》要求上市公司应当建立独立董事制度，明确了独立董事的定义、责任和义务，标志着独立董事制度在中国的正式建立
2002 年	证监会、国家经贸委联合发布的《上市公司治理准则》进一步要求上市公司应按照各有关规定建立独立董事制度

续表

时间	事件
2004 年	证监会发布的《关于加强社会公众股股东权益保护的若干规定》提出了"完善独立董事制度，充分发挥独立董事的作用"，并作出了六项具体规定，再次明确了独立董事需履行的责任与义务
2013 年	中共中央组织部出台《关于进一步规范党政领导干部在企业兼职（任职）问题的意见》，启动清理"官员独董"工作。随即，沪深两市有党政领导干部履历的独董纷纷请辞
2014 年	中国上市公司协会发布了《上市公司独立董事履职指引》，其要求独立董事应当能够充分了解公司治理的基本原则、上市公司运作的法律框架，具备内部控制与风险防范意识和基本的财务报表阅读和理解能力
2015 年	教育部发布的《教育部办公厅关于开展党政领导干部在企业兼职情况专项检查的通知》，掀起了"高校独董"问题监管风暴
2018 年	证监会推动修改《上市公司治理准则》，对独立董事的章节进行了重要的调整，明确独立董事享有董事的一般职权，同时依照法律法规和公司章程针对相关事项享有特别职权
2022 年	证监会发布《上市公司独立董事规则》，再次对独立董事任期届满、重大事项同意权等事项进行了明确

2. 独立董事制度效果

就中国资本市场的独立董事是否起到改善公司治理的作用这一问题，目前学术界和实务界尚未得出统一的结论。从文献来看，一方面，独立董事制度似乎起到了改善公司治理的作用。例如，有研究发现独立董事制度的引入降低了公司的股价崩盘风险；也有研究发现具有金融机构工作背景的独立董事能够通过发挥咨询和建议的作用改善公司的信贷融资。但另一方面，也有人认为中国的独立董事制度并无作用，一个很重要的原因在于许多学者发现中国的独立董事的独立性比较差。例如，有研究发现盈余管理程度更高的公司反而存在更高的独立董事变更频率，独立董事缺乏独立性是其重要原因。从实践来看，尽管独立董事制度在中国推行已有几十年，但诸如内部人员减持、大股东违规占用资金、财务造假等公司治理无效的问题依旧困扰着资本市场，因此实务界也有人一直认为独立董事制度无效。

3. 独立董事制度作用有限的原因

其实简单论断中国的独立董事制度未起到改善公司治理的作用，是有些片面和武断的，我们需要搞清楚中国的独立董事制度没有起到人们预想的作用的原因，笔者认为有如下三点原因。

（1）职能重合带来的监督缺位

从功能定位来说，我国的独立董事制度在一定程度上与监事制度功能重合，从而导致监督执行人的缺位。我国的董事会组织模式是混合模式，在此模式下，监事会和董事会共同承担了监督管理层的责任，这一方面会导致管理层面临着来自监事和独立董事的多头监督；另一方面会导致监事和独立董事都不能有效履职。

（2）独立董事难以完全独立

独立董事难以做到完全独立，主要原因是中国上市公司控股股东一股独大。尽管独立董事在理论上应当独立于股东，但实际中，独立董事的提名或当选往往需要股东或董事长的同意，且董事长往往会参与独立董事津贴的制定，因此独立董事的独立性就有所削弱。另外，独立董事一般有任期限制，很多独立董事为了追求连任，在第一个任期内往往较少反对管理层和股东，同时，为了降低在其他公司任职的难度，独立董事会有意识地避免形成"经常反对经理人和股东"的形象。

（3）独立董事履职情况不明确

独立董事在公司治理中到底发挥了什么样的作用，目前仍无确切答案，因为人们只能观测到公司治理的最终效果，而无法观测到独立董事在公司治理过程中付出的努力。关于独立董事履职情况不明确这一点，上海证券交易所和深圳证券交易所的《股票上市规则》均要求上市公司披露重大事项的董事会投票决议情况，这可以在一定程度上反映独立董事参与公司治理的实践情况。

总的来说，尽管中国资本市场的独立董事制度仍然存在一定的争议，但我们需要冷静地看待这一制度，在没有足够有效的证据前，不能轻易断言独立董事制度无效。

对舍得酒业案例的分析

天洋集团对舍得酒业资金的违规占用主要发生在 2017 年至 2020 年 9 月，在此期间，舍得酒业董事会的一个显著特点是董事会的成员主要由控股股东委派的董事构成，由此导致董事会成了控股股东意志的体现，董事会不仅不能起到改善公司治理的作用，反而成了控股股东掏空公司的工具。

根据董事的委派方式不同，可以将董事简单划分为控股股东委派的董事、非控股股东委派的董事和独立董事三种类型。理论上，董事会中控股股东委派的董事比例应当与控股股东的持股比例大致相同，非控股股东委派的董事和独立董事主要代表中小股东的利益。但正如表 3-3 所示，2016 年至 2020 年，除了 2020 年因天洋集团违规占用舍得酒业资金事件被曝出后，射洪市人民政府大量更换了董事会成员之外，在其余年份，天洋集团委派的董事比例不仅远远高于其对舍得酒业的持股比例，甚至其委派的董事始终超过董事会的半数席位。在这种情况下，舍得酒业的董事会就完全成了天洋集团及其控制人周政的利益代表，代表中小股东利益的董事即使有维护公司治理的意愿，也无法实际履行维护公司治理的义务。

表 3-3　舍得酒业的董事会构成分析（2016—2020 年）

项目	2016	2017	2018	2019	2020
天洋集团委派的董事比例	54.5%	55.55%	55.55%	55.55%	22.22%
非天洋集团委派的董事比例	0	11.11%	11.11%	11.11%	44.44%
独立董事比例	45.5%	33.34%	33.34%	33.34%	33.34%

项目	2016	2017	2018	2019	2020
天洋集团对舍得酒业的合计持股比例	20.895%	20.895%	20.895%	20.895%	20.895%

同时，我们也需要注意到，作为舍得酒业的除天洋集团之外的另一个大股东，射洪市人民政府在 2016—2019 年并未起到直接监督天洋集团，或者通过调整董事会结构进而间接监督天洋集团的作用，而是选择在混改之后将公司治理权完全交给天洋集团，这也在客观上造成了天洋集团以及周政在公司治理中一股独大的结果。

案例分析与讨论：
康美风云之独立董事辞职潮

2018 年 10 月 16 日，一篇名为《康美药业盘中跌停，疑似财务问题自爆：现金可疑，人参更可疑》的文章悄然在互联网上传播开来。这篇文章的两位作者质疑康美药业账面同时存在巨额存款和贷款的"存贷双高"现象，康美药业很可能涉及财务造假。这篇文章指出在 2015 年至 2017 年的财务报告中，康美药业披露账上分别有 158 亿元、273 亿元和 341 亿元的货币资金，但同时仍然在大量贷款，而且利息支出比利息收入要多很多。在文章发布的当天，康美药业的股票跌停，并在此后三天连续跌停，很多不知情的中小股东为此蒙受了巨大的损失。

随后，证监会紧急成立康美药业核查小组，并在第二天快速入驻康美药业，调取相关的财务凭证，就此展开对康美药业的财务调查。也就是从此时，康美药业的市值开始降低。2019 年 1 月，康美药业股价最低到了 5.75 元 / 股，只为最高价的 1/5。

2019 年 5 月 17 日，证监会披露调查进展，发现康美药业涉及近 300 亿元的财务造假，这一结果震惊了整个中国资本市场。经证监会调查，康美药业披露的 2016 年至 2018 年的财务报告存在重大虚假，其通过伪造和变造增值税发票、伪造银行回款凭证、伪造定期存单等方式，累计虚增货币资金 886 亿元，累计虚增收入达到 291.28 亿元，虚增利润近 40 亿元，如此之大的造假力度也使康美药业财务造假案成为 A 股市场上最大规模的财务造假案，当晚公司简称由"康美药业"变更为"ST 康美"。

"康美药业有预谋、有组织、长期、系统实施财务欺诈行为，践踏法治，对市场和投资者毫无敬畏之心，严重破坏资本市场健康生态"，这是证监会对康美药业的严词定性。随后康美药业及其相关人员受到了证监会等监管机构的顶格处罚。2020年5月，证监会对康美药业董事长马兴田等22人进行行政处罚，并对6人采取证券市场禁入措施，马兴田夫妇分别被处以90万元的顶格处罚，并被公安机关采取强制措施。2021年11月17日，马兴田因在2015年至2018年期间伙同他人违规筹集大量资金并操纵康美药业股票价格和交易量，组织、策划、指挥公司相关人员进行严重财务造假等罪名，被广东省佛山市中级人民法院判处有期徒刑12年，并处罚金人民币120万元；康美药业的其他高级管理人员也因参与相关证券犯罪被分别判处有期徒刑并处罚金。

同样受到关注的是康美药业财务造假案中的独立董事连带责任。在康美药业财务造假案中，兼职独立董事江镇平、李定安、张弘要承担10%连带责任（约2.46亿元），兼职独立董事郭崇慧、张平要承担5%连带责任（约1.23亿元）。这一处罚金额远超其在康美药业任职期间所获得的津贴，报酬与风险不成正比引起了部分上市公司独立董事的辞职潮，继而引发了人们对独立董事制度有效性的怀疑。

据统计，自2021年11月12日至12月10日，A股市场有近80家上市公司的独立董事提出辞职，而2020年同期仅有40家上市公司出现独立董事辞职。其中开山股份（300257）的控股股东开山控股更是公开谴责独立董事辞职的行为，让"独立董事辞职潮"这一话题的热度迅速上升。市场关注的焦点在于独立董事是否在任职期间尽心尽力，起到改善公司治理的作用，而大批独立董事的辞职又让投资者觉得这些独立董事并没有很好地履行应尽的责任。但独立董事的辞职也传递出了这些公司的治理存在问题的信号。

问题讨论1：康美药业的独立董事是否应该被罚？

问题讨论2：康美药业的财务造假案为何会引发独立董事的辞职潮？

扫码即可查看
本章问题讨论答案

4

监事会：监事会发挥作用了吗

一个案例引起的思考：游来游去的扇贝

1. 利用北斗卫星导航系统揭开财务造假

猹子岛片区位于辽宁省大连市长山群岛的最南端，由獐子岛、褡裢岛、大耗子岛、小耗子岛这四个岛屿组成，獐子岛集团股份有限公司（以下简称"獐子岛公司"）具备得天独厚的地理环境，养殖海域水深适宜、底质平坦，适合大面积开展底播养殖业。在随后的发展过程中，獐子岛公司拥有以虾夷扇贝、海参、皱纹盘鲍、海胆、海螺等海珍品为主要产品的完整产业链，并且逐渐形成了活品、流通与餐饮、专卖、商超、休闲食品、电商等多个渠道的产销一体化运营。2006 年 9 月 28 日，獐子岛公司以水产第一股的身份上市，开盘价为 60.890 元 / 股，涨幅 143.56%。2008 年初，獐子岛公司股价更是上了 150 元 / 股的高位，成为中国农业的第一个百元股。

2014 年 10 月 31 日，獐子岛公司发布公告称，因海洋牧场遭遇几十年一遇的异常"冷水团"，公司在 2011 年和 2012 年播撒的 105.64 万亩海域的虾夷扇贝颗粒无收，计提存货跌价准备 28 305 万元，扣除递延所得税影响 25 441.73 万元，合计影响 2014 年第三季度净利润 76 325.2 万元。此外，同期鲍鱼业务受到运营模式转型影响导致公司亏损近 5 000 万元，至此公司在 2014 年第三季度累计亏损 81 234.2 万元。獐子岛公司业绩由 2014 年上半年累计盈利 0.484 5 亿元转为第三季度累计亏损约 8.12 亿元，引起公众媒体及证监会等机构的关注。

然而，该事件仅仅是个开始，獐子岛公司在不到 6 年的时间内先后出现了四次扇贝"绝收""饿死"等离奇事件。2018 年 1 月 31 日，獐子岛公司发布公告称，海域内水温升高造成海洋生物骤减，扇贝因饵料不足而大面积减产，公司业绩 2017 年由预计盈利 0.9 亿~1.1 亿元转为预计亏损 5.3 亿~7.2 亿元。2019 年 4 月 27 日，獐子岛公司发布一季报称，因底播虾夷扇贝受灾，公司第一季度亏损 4 314 万元，同比减少 379.43%。同年 11 月，扇贝再次发生大规模自然死亡事件，预计核销存货成本及计提存货跌价准备合计约 2.78 亿元，约占截至 2019 年 10 月末上述底播虾夷扇贝账面价值 3.07 亿元的 90%，对公司 2019 年的经营业绩造成重大影响。那么，獐子岛公司的底播虾夷扇贝是不是真的跑了？人们对接二连三的"黑天鹅"事件产生严重怀疑，但因海底生物盘存的特殊性，审计人员无法获取实际证据证实獐子岛公司扇贝离奇事件的真伪。

2020 年 6 月，证监会通过借助北斗卫星导航系统定位獐子岛 27 条采捕船只的上万条海上航行数据、还原船只真实航行轨迹、复原实际采捕面积等一系列调查发现，獐子岛公司的确涉嫌财务造假、虚假记载采捕数据以及未及时披露业绩等违法违规行为，证监会对该集团罚款 60 万元，并且给予警告，相关责任人也被一一处罚。

2. 形同虚设的监事会

獐子岛公司的监事会发挥作用了吗？獐子岛公司内部治理几乎完全失效，监事会无法正常履行其监督职责。首先，管理层与董事会之间很有可能存在高度利益关联，并且董事会完全有能力决定股东大会的决议情况。据《獐子岛 2020 年第一次临时股东大会的决议公告》推断，"只要有董事长吴刚等人出席会议现场，该会议事项的一致表决权比例就可高达 49.2871%"，因为在股东大会中除董事长吴厚刚、大股东代表獐子岛投资发展中心（集体所有制企业）持有较高比例的表决权以外，前十大股东中与獐子岛公司密切相关的 3 名股东主要有獐子岛大耗、獐子岛小耗和獐子岛褡裢经济发展中心，把上述股东的表决权份额相加恰好约为 49%。由此，董事长吴厚刚处于绝对控股地位，独立董事形同虚设，监事会没有发挥对董事会应有的监督作用。其次，采购等重要经营环节涉及吴氏家族人员致使内部治理失效，监事会无法发挥对公司经营业务的监督功能。2012 年，獐子岛公司内部举报发现公司存在贝苗中掺石子等采购造假问题，而在公司养殖事业部负责海洋岛苗种收购工作的人正是吴厚刚的亲弟弟——吴厚记。农业公司中采购是非常关键的一环，一旦缺少一定的审核和监督程序，就容易滋生腐败。最后，财务成本结算等重要信息披露环节存在操纵嫌疑，监事会并没有及时发现并制止。獐子岛公司的成本结转按照实际收获苗数乘以每亩平均单位成本来计算该月份应该结转的底播增值成本，这种成本结转办法完全依赖捕捞扇贝的负责人所登记的收获苗数，一旦监管不严就很容易出现财务造假。

想一想：你认为獐子岛公司的监事会在扇贝"逃跑"事件中发挥作用了吗？监事会还存在哪些问题？应该如何改进？

监事会的职能是什么

监事会的内涵

监事会是股份公司的常设内部监督机构，监事通常由股东大会选举和职工民主选举产生，负责监督公司的日常经营活动和财务会计事务，检查公司董事、经理等管理人员是否存在违反法律、法规、公司章程、股东大会决议的行为，并监督纠正其有损公司利益的行为。一般公司股东分散，股东间专业知识和能力差别很大，为防止董事、经理等管理人员滥用职权，保障公司正常有序运营，保证公司决策正确和管理层正确执行公务，公司应设立监事会，代表股东大会独立行使监督职能。

我国监事会制度主要包括股份公司和有限责任公司内部监事会制度以及重点大型国有独资企业外派监事会制度。

1. 内部监事会制度

我国内部监事会制度起源于 1992 年国家经济体制改革委员会所发布的《股份有限公司规范意见》以及《有限责任公司规范意见》，该文件首次提出"监事""监事会"等字眼，初步确立了监事会组成、职权、议事规则等相关行为规范。1993 年颁发的《公司法》正式明确了监事会在公司中的法律地位，代表出资人行使监督权利，形成了董事会、监事会与高级管理人员相互制衡的公司治理体系。《公司法》明确提出股份公司、有限责任公司需设立监事会，并针对监事会的组成、监事的任职资格、监事会的职权和议事规则，以及监事的权利和义务等事项进行了较为全面的规定。自此，我国的内部监事会制度正式建立起来。随后，1994 年颁布的《到境外上市公司章程必备条款》和 1997 年颁布的《上市公司章程指引》进一步完善了我国股份公司的监事会制度，2002 年颁布的《上市公司治理准则》提出公司董事、监事、经理等管理人员应当遵循的基本行为规范，同时也明确阐述了监事会的职责、构成和议事规则。2005 年，我国总结以往经验教训，重新修订了《公司法》，对监事会在公司治理中的地位与作用、权利与义务以及职责等进行了实质性改进，切实增加了监事会在公司治理中的权力，规范了监事会会议及其表决机制，并为监事会有效行使职权提供明确的费用保障。

2. 外派监事会制度

（1）外派监事会制度的起源

我国外派监事会制度是一项用以完善国有企业治理结构的国有企业监督制度，其主要目的是保障出资人权益，防止国有资产流失，保障国有资产保值增值。1998 年 7 月，国务院颁布的《国务院稽察特派员条例》明确提出国务院向国有重点大型企业派出稽察特派员，代表国家行使监督权力。随着我国改革的进一步深化，1999 年 9 月，中国共产党第十五届中央委员会第四次全体会议通过了《中共中央关于国有企业改革和发展若干重大问题的决定》，贯彻落实中共十五大精神，进一步深化了国有企业改革，继续推行国有企业集团监事会的试点工作，健全规范监事会制度，进一步加强了监事会对国有企业的有效监督作用。同年 12 月，我国在修改后的《公司法》中正式确立了国有独资企业的外派监事会制度。其后，2000 年 3 月 15 日国务院颁布的《国有企业监事会暂行条例》（已于 2022 年 3 月废止）标志着国有重点大型企业由国务院稽察特派员制度转为外派监事会制度，该条例明确规定了国有重点大型企业的监事由国务院派出，对国务院负责，用以监督和保障国有资产保值增值状况，防范国有资产受到侵害。同年 8 月，经国务院批准 100 家国有重点大型企业开始施行外派监事会制度。

（2）外派监事会制度的完善

随着我国政府体系的健全完善，我国外派监事会管理工作的负责部门经历了一系列变革。2003 年国资委成立后，中央企业工委对外派监事会的管理职能转由国资委履行，直至 2018 年 3 月，第十三届全国人民代表大会第一次会议通过的国务院机构改革方案中提到，政府不再设立国有重点大型企业监事会，相关职责由审计署负责，充分发挥其内审功能。基于《公司法》《关于进一步完善国有企业法人治理结构的指导意见》等相关规定，同时也为了满足公司治理需求，国有企业设置监事会作为企业的内部监督机构，依法对董事会、经理等管理人员进行监督，针对国有资产监管机构所出资企业依法实行外派监事会制度，负责检查企业的财务，监督企业重大决策和关键环节以及董事会、经理等管理人员的履职情况，不参与、不干预企业的经营管理活动，评价企业经营管理业绩状况并出具一份检查报告。

综上所述，监事会的法律地位表现在以下三个方面。其一，监事会或监事是公司法定的监督机构。其二，监事会对股东大会负责，经由股东大会批准实行监督职能，从而体现股东对公司的权力。其三，监事会不仅检查公司经营活动及财务事项，还要监督董事及高级管理人员，防止一切损害公司利益的活动或行为。

监事会的模式与构成

1. 监事会模式

我国的监事会模式综合了德国的"二元双层制"和日本的"二元两极制"，呈现出监事会与董事会相互平行，股东大会、董事会与监事会三者分权制衡的公司治理模式，如图 4-1 所示。股东大会作为公司的权力机构，有权决定重大事项以及高级管理人员的任免，有权监督经营者。董事会成员由股东大会选举产生，代表公司行使管理职权，同时监督经理及其他董事的经营活动。监事会成员由股东大会和职工大会选举产生，代表股东监督董事及高级管理人员、检查公司财务状况及经营活动。

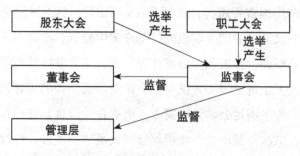

图 4-1　我国监事会模式

2. 监事会的人员构成

依据《公司法》相关规定及公司章程规定，上市公司监事会成员一般由股东代表、职工代表和外部监事组成，其中成员总人数不得少于 3 人，职工代表比例不得低于 1/3 且不得超过 1/2，设监事会主席 1 人，可以设副主席。监事会主席和副主席由全体监事过半数选举产生。考虑到有些有限责任公司的规模较小、股东人数较少，可以不组建监事会，仅设立 1 ~ 2 名监事即可。此外，监事会成员需要具备法律、会计等专业知识及工作经验，董事、高级管理人员及财务负责人不得兼任监事，选举产生的监事会成员应能够确保监事会独立有效地行使对董事、经理和其他高级管理人员及公司财务的监督和检查。

3. 监事的产生方式

监事会中，监事会主席由全体监事过半数选举产生，职工代表由职工代表民主选举产生，其他监事会成员通过股东大会进行选举和更换，新设立公司可以通过认股人出席人数超过半数的创立大会进行选举。具体而言，股东大会选举监事可以依照公司章程规定或股东大会的决议，实行累积投票制。监事任期满 3 年后可以改选，连选可以连任。如果公司监事未能及时改选或提前辞职致使公司监事会人数低于法定人数，在改选出新的监事前，原有监事仍需按照相关法律及公司规定履行其职务。此外，国有重点大型企业监事会由一名主席，若干名专职监事和兼职监事组成，其中主席由副部级国家工作人员担任，专职监事由司（局）、处级国家工作人员担任，兼职监事由国务院派出代表、企业职工代表以及经过外派监事会管理机构所聘请的财务、法律等领域的专家担任，企业负责人不得担任兼职监事。

监事会的职权

我国监事会的职权范围主要包含财务监督，业务监督，以及对管理者的事前、事中和事后监督三大类。

在财务监督方面，监事会有权随时调查公司财务事项及经营状况，有权审核董事会编制的拟提供给股东大会的各种财务资料，并将调查结果向股东大会报告。如有必要，监事会可以公司名义委托会计师、审计师等专业人员帮助复审。在业务监督方面，监事会应当诚信谨慎地监督公司业务执行情况，及时发现并通知相关人员停止其执行违反法律、法规或者公司章程的业务，杜绝有损公司利益的一切行为。在管理者的监督方面，监事会有权在事前计划阶段和事中决策阶段提议召开临时股东大会，争取在事前和事中阶段发现并指出影响公司的重大问题。监事会有权列席董事会会议，监督董事及高级管理者，要求他们对有损公司利益的行为予以纠正，或者通过股东大会或司法机构来纠正。监事会还有权代表公司与董事交涉、对董事起诉或者应诉。

具体而言，监事会可依法行使以下职权。

①检查公司财务，可在必要时以公司名义另行委托会计师事务所独立审查公司财务。

②对公司董事、总裁、副总裁、财务总监和董事会秘书等高级管理人员执行公司职务行为进行监督，及时发现并指出前述人员的违法违规或违反公司章程的行为。

③当公司董事、总裁、副总裁、财务总监和董事会秘书的行为损害公司的利益时，要求其予以纠正，也可提出罢免建议。

④核对董事会拟提交股东大会的财务报告、营业报告和利润分配方案

等财务资料，发现异常情况可以进行调查，必要时可以聘请会计师事务所、律师事务所等专业机构协助复审。

⑤反映职工对公司经营、财务状况以及涉及职工利益的重大决策的意见，维护职工的重大权益。

⑥提议召开临时股东大会、临时董事会，可以在股东大会上提出临时提案。

⑦对董事、高级管理人员提起诉讼。

监事会为什么会失效

监事会议事方式和运行方式

1.　监事会的议事方式

监事会的监督权是由《公司法》及公司章程所赋予的一种法定职权。监事会履行监督权，既不依附股东大会的决策权，也不依赖于经营执行权，是为保证决策的正确性和执行的准确性而进行的专门监督，监事会以集体决议制的方式行使监督权。公司章程对监事会议事规则作出具体规范，监事会定期召开会议，每年度至少召开一次。如有需要，监事可以提议召开临时监事会会议。监事会主席应当及时召集和主持会议，如监事会主席不能履行职务或不履行职务，可以由监事会副主席召集和主持会议，如监事会副主席不能履行职务或不履行职务，可以由半数以上监事共同推举一名监事召集和主持临时监事会会议。监事会的议事方式和表决程序，除法律规定外，由公司章程规定。监事会实行民主决策制，遵循一人一票原则和多数通过原则，最终决议需经半数以上监事通过方为有效。监事会应当将所议事项的决定做成会议记录，同时需要附有出席会议监事的签字证明。监事会会议记录应当包括会议召开时间、地点、出席人员、议题、临事讨论意见及决议通过情况等，且该记录至少需要保存十年。

2. 监事会的运行方式

公司章程还对监事会运行方式作出具体规范。关于公司的经营及财务状况，监事会主要通过以下几种方式实施监督。①监事会可以列席董事会会议，并对董事会决议事项提出质询或建议。②监事会具有信息知情权和调查权，可以通过阅读财务报表、听取汇报、深度调查等方式对公司内部真实状况进行监督；同时监事会还有义务审核公司的定期报告，如有必要可聘请会计师事务所、律师事务所等专业机构辅助审查工作。③监事会可以召开听证会，对公司财务报告、审计报告、人事等其他重要报告进行质询。④监事会有权对董事、高级管理人员绩效实施监督评价和专项检查，并将考核结果作为董事、高级管理人员绩效评价的重要依据。⑤监事会应当及时报告董事、高级管理人员的违规行为，可以向董事会、股东大会反映，或直接向证券监管机构及其他部门报告。情况严重的，监事会可向违规董事、高级管理人员提起诉讼，并以监事会文件、监事会意见书、监事会建议书等方式发表独立意见。

监事会独立性弱的原因

1. 监事会有关制度规定不完善

《公司法》赋予监事会一定的职权和义务，但无论是在组成、议事方式上还是在表决程序上，相关制度都没有赋予监事会充分的独立性，致使监事会本身受制于股东。例如，《公司法》第五十一条规定了监事会的构成，即应当包括股东代表和适当比例的公司职工代表，股东代表由股东大会选举产生，职工代表由职工民主选举产生。但是，对于股东代表的选举问题，公司通常会采取"一股一票"的多数决原则，这就决定了股东代表在一定程度上受大股东的直接控制。对于职工代表人数占监事会总人数的比例，《公司法》中并没有强制性的量化规定，公司需要参考公司章程中的相关规定，这就决定了职工代表在一定程度上受到股东的间接控制。另外，在实际中监事会成员难以平衡监事身份和公司职务身份，职工代表处于被管理地位，在薪酬和职位等方面受制于管理层。所以，从监事会构成来看，监事会行为会受制于股东和管理层，丧失了部分独立性。再比如《公司法》第五十五条规定，监事会的议事方式和表决程序，除了《公司法》

有规定外，由公司章程规定。而公司章程的制定主要取决于公司股东，这说明监事会的行权过程受制于股东，进一步减弱了其独立性。此外，《公司法》并没有针对监事的关联关系进行严格限定，例如没有专门限制关联公司董事担任公司监事、与公司董事具有其他特殊关系的人员担任公司监事等行为，也就难以保证监事会的独立性。因此，相关制度规定不完善是致使监事会独立性弱的主要原因。

2. 监事专业胜任能力不足

监事的专业胜任能力是影响监事会独立性的另一重要因素。监事会开展监督工作的主要手段是监事出席董事会会议和管理层会议，监事能否在会议上提出恰当的意见，及时发现并纠正董事、高级管理人员等损害公司利益的行为并向股东大会提出合理提案，取决于监事是否具备法律、财务及公司治理等方面的学识和经验。职工监事在监事会中占有较高比重，但他们一般由普通职工担任，普遍缺少财务、法律等相关领域的专业知识，且缺少监察的经验，这使得监事会在行使监督职能时缺少独立判断能力。

监事会监督失效的常见原因

1. 职工监事难以行使监督权

监事会是由股东会选举的代表和职工代表共同组成的。如前所述，职工监事人数比例由公司章程规定，这就决定了股东代表在监事会中居于主导地位，职工监事在监事会中处于弱势地位。同时，职工在薪酬、职务任免等方面受制于高级管理人员，职工监事在公司职务层级中处于弱势地位。因此，职工监事所处地位决定了其难以有效发挥监督职能。

2. 股东监事不愿或者不敢行使监督权

我国上市公司通常出现控股股东一股独大现象，股东大会实际上为控股股东操纵。那么，由股东大会选举所产生的股东监事也在一定程度上受到控股股东的操纵，因而监事和董事很容易合谋。另外，监事会行使监督权实行少数服从多数的原则，而在监事会中股东监事占大多数，因此整个监事会就难以有效发挥其监督作用。退一步讲，即便股东监事发现一些董事或者经理仅仅为了满足自身利益而做出有损公司利益的违法违规行为，因其地位较高，股东监事也不敢行使其监督职权。

3. 监事会的信息匮乏

大多数上市公司中，监事会形同虚设，表面上与董事会平级，实则沦为董事会和经理层的附庸。根据对深圳证券交易所中小板上市的私营企业的调查，大多数公司没有监事会办公室，一半公司认为监事会不是常设机构而是临时机构。如果监事会在公司难以成为常设机构，就很难掌握公司的全面经营状况和准确的财务信息，更别谈监督监察职能的有效发挥了。

监事会与独立董事的重合

1. 监事会与独立董事在职能设计上的重合

设立监事会与独立董事制度的最终目的都是监督监察董事、高级管理人员等的违法违规行为，维护公司的整体利益。从表面上看，双重监督治理固然好，但是，一旦监事会与独立董事的职能划分不清晰，势必会造成相互推诿、搭便车等问题，从而造成都管或者都不管的尴尬局面，不仅降低了监督效率，也起不到应有的监督效果。将同一职责同时授予两个职能相同的机构，不仅容易造成资源浪费，还会提高管理监督成本。

2. 监事会与独立董事在职权范围上的重合

一方面，监事会和独立董事都具有监督公司财务相关事项的权利。例如，监事会有权检查公司财务，独立董事有权向董事会提出聘用或解聘会计师事务所、有权独立聘请外部审计机构和咨询机构。两者在财务监督领域的职责重合，容易造成重复监督或者职责划分不清的情况，降低公司监督效率和监督效果。

另一方面，监事会和独立董事都具有监督董事、高级管理人员的违法违规行为的职权。监事会有权对违反法律、法规、公司章程的董事、高级管理人员提出罢免建议。一旦发现他们有危害公司利益的行为，如财务报表造假、存在不正当关联交易等，监事会有义务要求董事、高级管理人员予以纠正。独立董事有权提名或任免董事、有权聘任或解聘高级管理人员。独立董事还具有重大交易事项的认可权，以及对可能有损中小股东权益的事项发表独立意见的权力。两者在人力资源监督领域的职责重合，进一步降低了公司运营和监督效率。此外，监事会和独立董事同时具有提议召开临时股东大会的职权，势必也有一定程度的重合。

更重要的是，《公司法》还赋予了独立董事更加主动的监督权，使得监事会的职权进一步架空和虚化。独立董事作为决策层的重要组成部分，可以参与公司重大经营决策，包括重大经营决策的事前计划、内部商讨以及最终发布等各环节。这种更加主动的监督权可以帮助公司实施有效的事前和事中的监督与控制。而监事会并不被允许完全参与公司重大经营决策的制定过程，只能起到事后监督的效果，进一步降低了监事会监督的有效性。

监事会的激励约束机制

《公司法》第五十六条规定："监事会、不设监事会的公司的监事行使职权所必需的费用，由公司承担。"这实际上是对监事会的一种正向激励，但是试图找到一个合理有效的监事会薪酬激励方案是十分困难的。首先，如果监事的主要薪酬部分仍掌握在高级管理人员或者董事手中，那么监事的职权行使一定会受制于他们。其次，如果采用多元化的薪酬结构，将评价报酬与中长期激励手段引入监事薪酬方案，虽然能够在一定程度上有效激励监事充分发挥其监督检察职能，但也有可能刺激监事产生套利动机，与实施不当行为的高级管理人员或董事同流合污。此外，监事会还缺乏一些必要的负激励，例如定期对其进行评价和问责等，以约束监事会更有效地发挥监督职能。

综上所述，公司需要结合自身情况，探索监事会薪酬激励的平衡点，确保既能给予监事有效激励，又能规避监事隐匿不当行为，以期监事会在激励和约束的双重作用下更有效地发挥其职能。

对獐子岛扇贝事件中
监事会效能的思考与解答

监事会失效的具体原因

1. 管理制度问题

    首先，獐子岛公司董事长和总裁均由吴厚刚担任，此外他还担任当地党委书记，容易造成一言堂现象，严重影响公司内部决策的独立性。公司内前三大股东均为獐子岛镇级集体企业，第四大股东吴厚刚曾任当地党委书记，前四大股东具有高度关联性，掌握近五成的股份表决权，使得监事会难以发挥其职能。其次，在用人方面，公司并没有聘请职业经理人运营公司，而是任人唯亲，这给监事会有序监督公司采购、销售等关键业务环节增加了难度。最后，公司的人事变动不断，2020 年的 8 个月内獐子岛公司财务总监先后由勾荣、刘勇、刘坤、姜玉宝 4 人担任，最终证监会对獐子岛公司信息披露违法违规事件予以处罚和警告，对勾荣等人采取 5 年证券市场禁入措施，这从侧面说明獐子岛公司的管理层选聘制度存在问题，监事会监管不力。

2. 信息披露问题

    獐子岛公司将扇贝绝产的责任推给"冷气团"，证监会核查后发现公司存在财务造假、虚假记载、未及时披露信息嫌疑，内部控制存在重大缺陷。獐子岛公司在 2016 年年报中虚增利润 1.3 亿元，占当期披露利润总额的 158.15%，追溯调整后实际净利润为负，存在财务造假问题。公司在明知 2017 年全年业绩与原业绩预测之间存有较大差异的情况下，没有及时向外界披露，甚至在年报中进行虚假记载。獐子岛公司在 2014 年和 2015 年连续两年净利润为负的情况下，通过信息披露造假的方式将 2016 年和 2017 年的净利润调整为正值，以避免公司暂停上市和终止上市。这一过程中，监事会在信息披露的真实性和有效性上失职，未能及时发现并制止财务信息造假。

獐子岛公司如何保障监事会有效发挥其监督职能

1. 大连国资入主獐子岛，重塑董监高架构

首先，大连盐化集团通过司法竞标成为 ST 獐子岛的第一大股东，控制 15.46% 股份。随后，大连盐化集团与长海县獐子岛投资发展中心将其所持股份的表决权全权委托给大连市国资运营公司（以下简称"大连国资"）。自此，大连国资以 22.5% 的表决权，正式成为 ST 獐子岛的实质控股股东，助力獐子岛公司稳定向好发展。其次，2022 年 8 月 17 日，ST 獐子岛召开的第二次临时股东大会选举产生了 ST 獐子岛新一届董事会和监事会，其中多名董事由国资股东方提名，这些人员拥有财务、管理、战略投资等重要领域的工作经验和技术专长。随后，ST 獐子岛召开了第八届董事会第一次会议，选举李卫国为董事长，选聘战成敏为公司总裁。李卫国此前担任大连市水务局局长，后调任大连盐化集团的母公司大连农渔产业集团董事长，其拥有丰富的农业板块企业的经营与发展经验。战成敏此前担任大连市长海县委常委、长海县獐子岛镇党委书记，熟悉企业及当地的各项情况，能够快速进入角色，便于后续改革和落实新的战略规划。此外，ST 獐子岛还选聘曾任 ST 獐子岛董事长的唐艳出任公司常务副总裁，实现上市公司管理团队有序过渡，保障公司平稳运行。至此，ST 獐子岛的新管理团队组建完毕。此举标志着 ST 獐子岛完成了新管理团队组建工作，重塑了董监高架构，从根源上规避了一股独大和专制问题。

2. 提高公司内部治理水平，重塑獐子岛公司形象

首先，健全管理机制。在关键经营环节需要回避家族体系人员，优化项目组织结构，保障监事会对公司经营业务有效发挥监督功能。其次，健全信息机制。在关键信息披露环节需要加强核实信息的真实性，尤其是扇贝等生物盘点信息的有效性，积极发挥监事会对信息披露的监察职能。此外，暂时放弃复杂海域，优化适合本地生态系统条件的虾夷扇贝新技术、新良种、新模式，降低底播虾夷扇贝养殖风险。这样有利于减少数据统计偏差，从根本上降低监督成本。最后，健全内部控制风险评估机制。由于海产养殖产业的特殊性，獐子岛公司需要加强底层水温监测技术，引进风险管理人才，提高风险管控能力和应对能力，从而提升内部控制的有效性。

案例分析与讨论：安然公司的破产

　　安然公司（Enron）曾是一家位于美国得克萨斯州休斯敦市的能源类公司。1985 年，肯尼思·莱（Kenneth·Lay）充分利用天然气价格取消管控、允许自由买卖的机会，促成休斯敦天然气公司（Houston Natural Gas）和一家管道公司——北联公司（Inter North）合并，改名为安然公司，主要经营北美的天然气与石油输送管道业务。当时身处麦肯锡的杰弗里·斯基林（Jeffrey Skilling）担任安然公司顾问，帮助安然公司创建天然气期货市场，这使得安然公司成为当时最大的天然气和电力批发商。随后，斯基林被聘为安然金融公司的董事长和首席执行官。在他的领导下，安然公司扩展了各种各样的新业务，包括能源交易、发电、供水、煤炭、零售电力、金属和宽带通信。2001 年宣告破产之前，安然公司是世界上最大的电力、天然气以及电信公司之一，名列《财富》杂志"美国 500 强"的第 7 名，在世界 500 强中位列第 16 位，连续 6 年被《财富》杂志评选为"美国最具创新力的公司"。图 4-2 所示为 1996 年至 2000 年安然公司基本经营状况，1996—2000 年，安然公司的年化营收增速高达 65.92%，而行业平均水平只有 2%~3%。然而，表面繁荣并不能永久维持，巨额资金投入的业务板块并没有产生预期的利润，安然公司的损失迅速扩大。

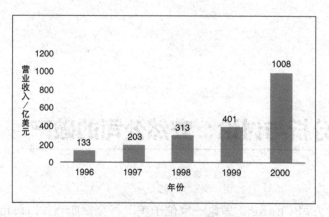

图4-2 安然基本经营状况

2001年年初，对冲基金经理吉姆·切欧斯公开质疑安然商业模式，认为公司所报告的利润与经营现金流不对称。切欧斯的观点引发共鸣，人们开始追究安然公司的真实盈利和现金流向。2001年3月5日，贝萨妮·麦克莱恩（Bethany McLean）发表了一篇题为《安然股价是否高估》的文章，成为引发安然公司崩溃的导火索。据安然公司2000年财务报告，公司营业额高达1 010亿美元，利润达10亿美元。该篇文章首次对安然公司2000年的股价及利润增长速度提出质疑，认为安然公司所提供的财务数据过于混乱，并指出安然公司年报中存在奇怪的交易、不稳定的现金流以及巨额债务等问题。随后，证券分析人员和媒体不断披露安然公司关联交易与财务方面存有种种不正常做法，认为这些关联交易对安然公司的负债和股价产生潜在致命风险。2001年5月，咨询公司Off Wall Street发表一份安然公司分析报告，建议投资者不要轻信安然公司所公布的利润等相关财务数据，并鼓励其卖掉安然公司股票。安然公司实际上是通过向关联企业高价出售光纤电缆来提高利润的，并且公司营运率已经从1996年的21.15%跌至2000年的6.22%。2001年7月，在安然公司公布第二季度财务状况后的一次电话会议中，分析师和投资者对公司不动产投资项目的大幅波动以及几笔关联交易提出质询，而安然公司新任CEO斯基林并未给出合理解释。面对众多压力，2001年8月，时任安然公司CEO仅8个月的斯基林突然宣布辞职。华尔街日报等投资领域媒体接连发表文章，披露安然公司与关联企业的诸多细节，以确凿证据证明安然公司的确通过关联企业间的高价交易制造虚假利润，而安然公司的财务总监法斯托正是关联企业 LJM、LJM2 的主要股东或经理。市场对安然公司一系列的质疑，使得投资者对安然公司的信心受挫，导致安然公司股价从 2001 年初的 80 美元跌至 2001 年 10 月的 20 美元左右。

2001 年 10 月 16 日，安然公司公布该年度第三季度的财务报告，宣布公司亏损总计达 6.18 亿美元，同时首次透露因 CFO（首席财务官）安德鲁·法斯托与合伙公司经营不当，公司股东资产缩水 12 亿美元，引起投资者、媒体和管理层的广泛关注。安然事件自此正式拉开序幕。同月，美国证券交易委员会致函安然公司，调查该公司的财务问题，要求其主动提交部分交易的细节内容。2001 年 10 月 31 日，美国证券交易委员会正式调查安然公司，安然公司被迫重审公司历年财务数据。2001 年 11 月 8 日，安然公司向美国证券交易委员会递交文件，承认从 1997 年到 2001 年利用关联交易共虚报利润 5.86 亿美元，并且未将巨额到期债务 24 亿美元入账。随后，同城竞争对手 Dynegy 发起了价格极低的并购。2001 年 11 月 28 日，标准普尔公司将安然公司的债券评级为垃圾债券，Dynegy 终止对安然公司的并购。安然公司股价随之暴跌至不足半美分，市值从巅峰的 800 亿美元跌到了不足 2 亿美元。

2001 年 12 月 2 日，安然公司向纽约破产法院申请破产保护，破产清单中所列资产高达 498 亿美元，安然公司破产案成为美国史上第二大企业破产案。同时，向安然公司提供审计服务的安达信会计师事务所（以下简称"安达信"）因非法销毁文件妨碍美国证券交易委员会调查，被美国地方法院吊销营业执照。虽然美国最高法院随后推翻了该判决，但是安达信已经因失去了大多数客户而宣布停业。

问题讨论 1：安然公司财务造假的手段有哪些？

问题讨论 2：内部监督机构监事会及外部监督机构安达信在安然事件中的不当行为有哪些？

扫码即可查看
本章问题讨论答案

第 5 章
》

管理层：如何约束
与激励经理人

扫码即可观看
本章微视频课程

一个案例引起的思考：
迪士尼"最牛"经理人

2005 年 3 月 14 日，迪士尼公司宣布任命罗伯特·伊格尔担任公司下一任首席执行官，并将在 2005 年 10 月 1 日正式取代现任首席执行官迈克尔·埃斯纳。这意味着连任 6 届、执掌迪士尼整整 21 年的迈克尔·埃斯纳结束了他在迪士尼的工作。人们对他的评价是：他以"年度大片"的方式挽救了迪士尼。

1. 埃斯纳创造的辉煌奇迹

1984 年，当埃斯纳踏进迪士尼时，这家多年低迷不振的企业正处于群龙无首的混乱状态。在埃斯纳任期的前 10 年，他和总裁弗兰克·维尔斯、杰弗瑞·卡森伯格共同重组了一度辉煌的动画组，为这个部门进入鼎盛时期奠基。在埃斯纳主政期间，迪士尼的年收入从 17 亿美元增长到 254 亿美元，公司股价上涨了 30 倍，成了《财富》500 强企业。此外，迪士尼开始与皮克斯合作，开发三维动画技术，制作发行了《玩具总动员》《海底总动员》等风靡全球的动画巨作。在埃斯纳的领导下，迪士尼逐渐登上娱乐霸主的地位。埃斯纳在美国录像带流行的时期积极推进将公司的电影库存拷贝成录像带销售，取得了巨大成功。1995 年迪士尼并购 ABC（美国广播公司），一举收下了 ABC 旗下的 4 个有线电视频道、1 个网站、1 个广播网络、1 份杂志以及餐厅和主题公园的重要资产。这次并购使迪士尼一跃成为当时世界上最大的娱乐公司，市值超过 500 亿美元。迪士尼原有的动画和电视节目制作能力加上 ABC 广播电视网络的传播能力，使迪士尼真正成为一家综合性的娱乐传媒公司。在埃斯纳的领导下，迪士尼主题公园数量从 4 个增加到 11 个，公司旗下旅馆从 2 500 个增加到 32 000 个，电影图书馆的主题从 156 个增加到 900 个，公司全部或部分拥有全球数十个广播和有线网络，创建了 2 条迪士尼巡航线路。从 1984 年到 1998 年，迪士尼实现了连续 14 年 20% 的营业收入年增长率。

2. 埃斯纳存在的管理问题

但是埃斯纳在迪士尼中创造的辉煌难以掩盖其个人管理问题以及由此带来的决策失误和经营问题。首先，盲目投资和并购导致众多战略上的失误。1992 年开始营业的欧洲迪士尼乐园缺乏对欧洲人消费观念和习惯的研究，导致较为严重的投资损失。1999 年，迪士尼收购 Infoseek，并成立门户网站。由于过高估计了自身经营网络媒体的能力，该门户网站在创办当年即亏损 9.19 亿美元，被迫于 2001 年关闭。其次，埃斯纳专权的管理风格和对人才的不信任导致了曾经的黄金三人组合彻底崩溃。特别是在 1994 年弗兰克·维尔斯因飞机失事丧生后，迪士尼内部彻底没有了敢对埃斯纳说"不"，让他保持冷静的人。因为首席执行官继任人选的纠纷，加入迪士尼不到 2 年的卡森伯格以极其不愉快的方式离开了迪士尼，创立了梦工厂公司，成了迪士尼在动画行业的有力对手。此外，埃斯纳缺乏妥协、狂妄傲慢的个性同样气走了乔治·卢卡斯、史蒂芬·斯皮尔伯格、史蒂夫·乔布斯等合作伙伴。20 世纪 90 年代末期，迪士尼的管理团队在媒体评出的"美国最糟糕的管理团队排行榜"上名列第 10。埃斯纳甚至无法处理好同重要股东的关系。他从董事会中挤走了将他招入迪士尼的董事、公司第一大股东、迪士尼创始人华特·迪士尼的侄子罗伊·迪士尼和董事斯坦利·戈尔德，挤走他们的原因是二人对他的经营、管理公司的模式颇为不满。到了 2001 年，持续滑坡的业绩让迪士尼面临倒闭的危机，面对前所未有的指责之声，埃斯纳更是将自己变成了事无巨细的领导人，如从剧场演出、广告到主题公园演员们的服装，都由他拍板决定。他甚至会亲自挑选饭店的每件家具，与每位油漆工进行讨论。埃斯纳淡化、稀释了迪士尼宝贵的品牌特征。

在 2004 年 3 月 3 日的迪士尼年度股东大会上，被埃斯纳排挤出董事会的罗伊·迪士尼和斯坦利·戈尔德集结了 43% 的股东，对公司近年来糟糕的财务问题提出质疑，并解除了埃斯纳的职务。回顾埃斯纳在迪士尼的工作生涯，他能一直控制迪士尼的重要原因便是迪士尼的股权结构极为分散，身为第一大股东的罗伊·迪士尼也仅仅持有 1.2% 的股份。如果不能联合其他大股东一致行动，即使各股东对埃斯纳极其不满，也奈何不了他。

想一想：迪士尼为什么无法约束埃斯纳的行为？大股东缺位会带来怎样的公司治理问题？

为何要约束和激励经理人

约束和激励机制的理论基础

1. 委托－代理理论

现代企业组织制度以所有权和经营权分离、决策执行权和监督权分离作为基本特征。亚当·斯密在《国富论》中指出：当公司的所有者和管理者相分离时，所有者和管理者之间存在潜在的利益冲突。伯利（Berle）和米恩斯（Means）于 1932 年在《现代公司与私有财产》一书中提出著名的"所有权和经营权分离"的命题。科斯提出委托－代理理论，指出二者的代理冲突带来的道德风险和逆向选择，必须设置适当的机制约束、激励经理人。詹森和麦克林进一步指出高管劳动力市场是检验代理问题的天然市场。公司经理人报酬通过经理人报酬—经理人行为—公司绩效的传导链对公司绩效产生正向影响。接着，詹森和麦克林、霍姆斯特罗姆又提出了标准的委托－代理模型：该模型假设了一个风险中性的委托人，该委托人在存在道德风险的条件下，为具有并努力规避该风险的代理人设计了一个最优契约。在最优契约理论下，董事会（委托人）作为公司代表可以按照股东价值最大化的原则给经理人（代理方）设计薪酬的最优契约。霍姆斯特罗姆又同时提出了"信息性"原则，支付给经理人的报酬基于股票价格，这并不是因为股东希望股价变高，而是因为股价提供了有用的信息，可以作为经理人行为的参考。根据委托－代理理论，通过设计经理人薪酬最优契约，公司能够实现经理人与股东利益的一致。经理人薪酬和公司绩效的紧密关系能够帮助公司选择和留住高水平经理人，使用与绩效相关的经理人薪酬可以减少逆向选择问题。一套行之有效的委托 – 代理最优契约不但可以鼓励经理人实现股东价值和公司价值的最大化，也能通过一系列措施约束经理人的不当自利行为。如果说最优契约中的激励机制是通过奖励经理人，使其勤勉尽责得到的收益不少于渎职、不当自利行为带来的收益，那么约束机制则是通过一系列内部控制、监督、惩罚机制提高经理人不当自利行为的成本，降低经理人渎职的意愿。

2. 交易费用理论

法国数学家古诺发现，交易过程中的损耗难以避免，各方均在商品流通过程中产生摩擦。科斯发现在契约的签订和实施过程中，一些额外的支付不可避免，其第一次提出了交易费用的概念。他同样指出，企业内部产生的行政管理费用、监督缔约者费用、传输行政命令费用等组织费用可被看作企业的内部交易费用。达尔曼指出合约签订前交易双方相互了解交易意愿等需要耗费时间和资源，合约签订时确认合同条款需要支付成本，履行合约时对缔约方的监督、控制需要支付成本。威廉姆斯认识到交易的三种维度，即交易频率、不确定性和资产的专用性是区分不同交易的重要标志。在不确定的环境中，决策必须是应变的和过程性的，以尽可能降低交易成本；资产专用性则大大提高了事后机会主义行为的潜在可能。具体到公司经营者和所有者签订合约的过程中，公司未来经营环境具有高度不确定性，许多合约问题只能在合约履行过程中暴露，只能通过公司治理结构在事后解决。在传统公司治理问题中，公司的日常运营成果在很大程度上取决于经营者的能力、尽职程度，所有者拥有的公司资产相对于经营者而言具有较高的专用性，因此公司所有者更有可能面临经营者敲竹杠的威胁。然而，近年来高新技术企业的快速发展使得公司经营者尤其是创始人团队的能力成为相较于外部投资者的资金而言专用性更高的资产。郑志刚等人指出，外部投资者取得公司控制权后将创始人团队赶出公司的现象屡见不鲜，传统的公司经理人激励约束问题出现了新的情形。

3. 管理层权力理论

按照马奇的定义，管理层权力是公司管理层"压制不一致意见的能力"。他从管理者与其反对者之间的博弈关系解释管理层权力，当管理者压制了公司内的反对意见，就具有了执行自身意愿的能力，从而实现某种目标。劳克尔斯坦和汉姆布瑞克指出，以董事会为核心的公司治理机制为了制约监督管理者而生，董事会在设置经营者报酬机制和监督经营者的管理活动时发挥着重要的作用。当董事会处于弱势地位时，管理层在与监管者之间的博弈中具有优势，管理层可以超越权限范围影响公司决策，实现自身的利益目标。博伊德进一步发现董事会的控制能力越弱，管理层权力越大，高管薪酬水平也越高。当管理层权力很大时，公司中会存在高管操纵董事选举甚至决定董事任免的现象。基于以上研究，别布丘克等人在2003年提出了管理层权力理论，他们将公司治理弱势状态下的董事会决策受到来自管理层的影响定义为管理层权力。当董事会不能对高管薪酬的合约进行有效控制时，高管很有可能利用自身的权力进行寻租，同时降低高管薪酬水平对公司绩效的敏感性。夏纪军和张晏同样发现，我国上市公司大股东控制权与管理层股权激励之间存在显著的冲突。

约束和激励机制在我国的发展

1. 高管薪酬及持股数情况

图 5-1 所示为 2011—2021 年中国上市公司高管最高薪酬均值统计。中国上市公司高管最高薪酬均值由 2011 年的 68 万元持续增长，在 2021 年已经达到了 153 万元，相较于 2020 年的 145 万元增长 5.52%。

图 5-1　2011—2021 年中国上市公司高管最高薪酬均值统计

图 5-2 所示为 2011—2021 年中国上市公司高管平均持股数均值统计。中国上市公司高管平均持股数在 2011—2018 年处于持续增长趋势，由 2011 年的人均 240 万股增长到 2018 年的人均 639 万股，年同比增长率一直保持在较高水平。然而，从 2018 年开始，中国上市公司高管平均持股数出现了缓慢下降的趋势，缓慢下降至 2021 年的人均 573 万股，可能是由前期被授予股权的经理人出售手中部分股权换取现金所致。

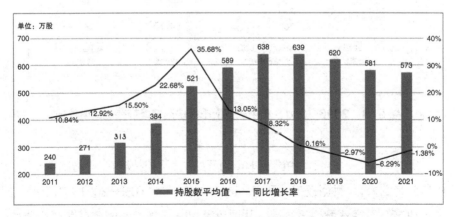

图 5-2　2011—2021 年中国上市公司高管平均持股数均值统计

2. 高管薪酬行业、市场差异

分行业来看，我国上市公司高管最高薪酬存在明显的行业差异。其中，金融业（284 万元）、房地产业（248 万元）、卫生和社会工作（234 万元）、综合（188 万元）、批发和零售业（174 万元）分别位列前五，最低的是居民服务、修理和其他服务业（72 万元）。不同行业的公司高管收入与该行业的景气程度和相关政策影响是密切相关的。

图 5-3 所示为 2016—2018 年中国各上市板块高管最高薪酬均值统计，从中可看出，2016—2018 年，各板块高管最高薪酬均值均持续上涨，其中创业板涨幅最大，深市主板涨幅最小。2018 年深市主板高管最高薪酬均值为 327 万元，比同年创业板高管最高薪酬均值高出近 48%，稳居领先水平。

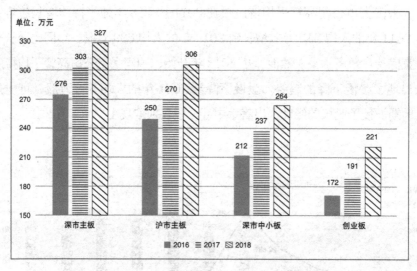

图 5-3 2016—2018 年中国各上市板块高管最高薪酬均值统计

2019 年 1 月 30 日，中国资本市场开始进行科创板和注册制试点改革；同年 7 月 22 日，科创板正式开市。图 5-4 所示为 2019—2021 年中国各上市板块高管最高薪酬均值统计，从中可看出，科创板高管最高薪酬均值始终保持较高水平，体现出高新技术产业和战略性新兴产业的高管薪酬水平较高的特点。其他各个板块高管最高薪酬均值均保持持续增长。

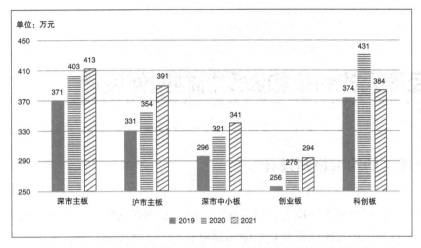

图 5-4 2019—2021 年中国各上市板块高管最高薪酬均值统计

经理人的约束和激励机制如何设计

经理人的约束机制设计

在公司治理中，建立经理人约束机制的目的是对经理人加以规范，使之符合公司所有者的利益和公司的经营方向。大致而言，对经理人的约束机制应当包括事前对经理人权力的约束、事中完善的监督机制和事后对经理人渎职行为的惩罚三个方面；根据约束力来源的不同，也可以将经理人约束机制划分为内部约束机制和外部约束机制。经理人的约束机制如图5-5所示。

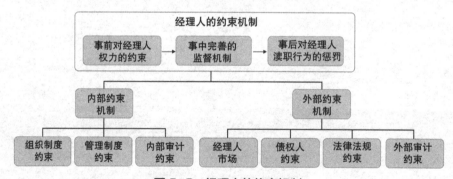

图 5-5　经理人的约束机制

1. 内部约束机制

（1）组织制度约束

组织制度对经理人的约束通过加强完善公司治理结构实现，建立健全规范的股东大会、董事会和监事会制度，对经理人形成有效的制约。在股东大会层面，公司应当积极发挥大股东、机构持有者的监督作用。在董事会层面，公司应当做到董事长与总裁、总经理职务的分离，保障董事会的独立性；完善独立董事制度；建立提名委员会，对公司经理人选进行严格审查；建立薪酬委员会，独立决定公司经理人薪酬；建立战略与投资委员会，对公司长期发展规划和重大投资项目进行研究和检查；建立纪律委员会、合规委员会、审计委员会等机构，对公司经理人管理行为的合规性进行监督。在监事会层面，公司监事应当尽到勤勉义务，定期检查公司财务会计资料，检查公司的日常经营、资产运营情况，检查公司经理人的经营行为并作出评估和建议。

（2）管理制度约束

管理制度约束即通过科学的管理制度，对公司经理人的不当行为进行制约。管理制度约束是有效防止公司经理人进行不当决策、玩忽职守、挥霍公款、过度在职消费、贪污转移公司资产等行为的重要制度保证。股东大会应当通过制定、完善公司章程对公司经理人的具体经营、管理行为作出规定。此外，公司的内部控制流程也会对经理人的不当自利行为进行有效约束。

（3）内部审计约束

在我国，内部审计制度体系具有明确的法律约束效力。具体而言，内部审计准则体系可以分为三个层次。第一层是基本准则，作为内部审计准则的总纲，具有最高权威性和法定约束力。第二层是具体准则，是内部审计机构和人员进行内部审计的执业规范，在进行内部审计工作时应当遵照实行。第三层是实务指南，用于给内部审计人员提供操作性的指导意见，但不具有法定强制力。

完善的内部审计制度有助于公司发现内部控制缺陷和重大风险，发现经理人的不当行为。例如，中海油总公司通过搭建全面覆盖、重点突出的风险管理框架，确立了兼顾风险控制和效益效率的内部控制机制，建立专职管理、克服短板效应的内部控制职能，构建了信息化的内部控制和风险管理平台。2011 年，中海油对旗下子公司中联煤出具的审计报告指出，中联煤在 2011 年虚构资产和负债 6.37 亿元，分别占当年公司资产和负债总额的 22% 和 63%。

2. 外部约束机制

（1）经理人市场

完善、系统的职业经理人市场能够有效减少公司经理人的逆向选择问题。党和国家对建立职业经理人市场高度重视，2016 年《政府工作报告》中提到："推进股权多元化改革，开展落实企业董事会职权、市场化选聘经营者、职业经理人制度、混合所有制、员工持股等试点。深化企业用人制度改革，探索建立与市场化选任方式相适应的高层次人才和企业经营管理者薪酬制度。"然而目前，我国尚未真正建立全国性的职业经理人市场，职业经理人管理制度体系、价值发现规则、市场竞争机制仍不完善。

（2）债权人约束

债权人为了维护自身的合法利益，会对公司进行偿债能力的考核和监督，形成对公司在还本付息方面的约束。公司经理人迫于债务偿还压力，会在公司经营决策中考虑债权人因素。此外，公司在制定经理人薪酬的时候也会考虑债权人利益，债权人对公司经理人薪酬在一定程度上能起到外部监管和治理作用。相关研究表明，短期借款比长期借款对公司高管过度薪酬激励的抑制作用更为明显，其监督作用也会因债务成本和产权性质的差异而有所不同。

（3）法律法规约束

《公司法》对公司高级管理人员（经理人）的任职要求、行为、职责作出了明确规定。例如，《公司法》第一百四十六条对公司高级管理人员的任职要求作出了明确的规定；第一百四十七条规定了公司高级管理人员应当遵守法律、行政法规和公司章程，对公司负有忠诚义务和勤勉义务；第一百四十八条对公司高级管理人员的违法行为进行了明确规定。相关法律法规为公司对经理人的监督、制约提供了法律和制度上的保障。

（4）外部审计约束

在我国，外部审计包括国家审计机关对被审计单位进行的国家审计和社会审计组织中的注册会计师接受委托进行的社会审计。目前，证监会要求全部上市公司必须进行年度会计报告的外部社会审计并公开披露审计报告；国有企业会接受各级国家审计机关开展的国家审计。与内部审计相比，外部审计一般具有更强的独立性、专业性、强制性和公开性；但是，内部审计涵盖公司管理流程的各个方面，外部审计通常集中在公司财务信息和与财务流程有关的内部控制流程方面。作为公司外部监管体系的必要组成部分，外部审计有助于发现公司经营管理的违法、违规、舞弊行为，减少公司内外部信息不对称，对公司经理人的经营行为起到了有力的约束作用。

经理人的激励机制设计

1. 激励机制设计的有效性

根据委托 – 代理理论，公司给经理人设计薪酬激励出于将经理人利益与股东利益相绑定的目的。公司通过向经理人发放工资、奖金、期权和限制性股票等方式，将经理人的个人财富与公司的绩效绑定。在具体的激励机制设计中，激励机制的有效性取决于以下三点。

（1）所有者有明确的经营目标

激励是为了引导经理人走向特定的方向，而引导的前提是方向清晰、目标明确。只有当公司所有者对公司的经营目标有着明确规划，经理人才能够通过激励机制明确所有者的经营目标，为公司经营和股东价值最大化服务。此外，明确的经营目标也为激励机制的效果评价提供可供参考的标准。

（2）经营绩效可以客观衡量

在经理人激励机制中，公司所有者通过公司绩效对经理人进行考核，经理人的个人收入取决于公司绩效。公司需要制定可以客观衡量的绩效指标，确保其能够充分反映公司经营和股东价值最大化目标的实现情况。实行绩效考核，能够更好地将经理人个人利益与实现公司经营、股东价值最大化的目标紧密捆绑。

（3）经理人不担心个人收入波动

在委托－代理理论下，如果公司的绩效考核指标一味地追求短期效益，经理人出于自利心理，可能会作出提升公司短期效益、不利于公司长期发展的决策，可能会对公司长期经营战略和股东利益造成损害。因此，一方面，激励机制要做到短期效益与长期发展并重，对经理人的表现作出综合评价，使经理人坚持自身的正确决策，避免控股股东侵害公司利益；另一方面，经理人薪酬应当具有兜底机制，避免经理人收入过度波动，用相对较高的薪酬吸引人力资本水平更高的经理人。

2. 激励机制设计需要注意的问题

（1）避免经理人自私自利

理论上，虽然公司可以与经理人签订最优契约，通过设立激励机制实现经理人的利益与公司发展和股东利益相捆绑。但在实践中，经理人可能会利用自身的信息优势和公司治理漏洞为自身谋求最大的薪酬，薪酬激励机制会被扭曲。因此，在设计激励机制的同时，公司需要加强公司治理，避免出现经理人在薪酬制定中过多干预。例如，将经理人与董事长职责分离，设置独立的薪酬委员会、纪律委员会，提高经理人薪酬披露的透明度，鼓励大股东积极参与公司治理，等等。

（2）薪酬的风险承担

在经理人薪酬设计中，股票期权的比例越高，经理人薪酬与公司业绩的关联性越强，在薪酬方案中增加股票期权的比例通常也会减少经理人的厌恶情绪。然而，股票期权的使用也有一定的风险。首先，股票期权可能加剧经理人的短视行为，使经理人选择短期项目，片面地追求股票价格的短期上涨。此外，管理风险的期权化引发的变化可能会影响债权人回报，导致债券市场价格下跌。

3. 激励机制设计的制度规定

（1）高管基本薪酬的制度规定

我国的现代资本市场起步晚，在改革开放初期，公司高管的任命仍然具有行政性特征，上市公司改制不彻底，公司内部治理结构并不完善，企业经营者的收入结构具有较强的非市场性特征。公司经理人薪酬制度的不完善引发了广大投资者对公司管理层能否勤勉尽职的担忧。鉴于此，有关监管部门出台了一系列制度规范公司高管的薪酬分配。2005 年年底，证监会要求上市公司必须报告管理层和董事会成员中薪酬排名前三名的总薪酬，包括工资、奖金、津贴和其他福利等；《公司法》第一百一十六条规定，公司应当定期向股东披露董事、监事、高级管理人员从公司获得报酬的情况。针对国有企业高管薪酬，有关部门出台了更为严格的规定以维护国有企业中高管和普通员工之间薪酬的公平性。例如，2009 年 9 月，人力资源和社会保障部等六部门联合下发《关于进一步规范中央企业负责人薪酬管理的指导意见》，对国有企业高管的现金薪酬进行了限制，表现为：国有企业高管的基本工资不得超过同一公司普通员工的五倍；绩效工资不得超过其基本工资的三倍；中长期激励收入应当与公司中长期增长保持一致。2019 年 1 月 1 日，国务院国资委发布施行《中央企业工资总额管理办法》，规定中央企业工资总额实行预算管理。

（2）限制性股票和股票期权的制度规定

随着我国公司治理体系和经理人激励机制的不断完善，越来越多的上市公司选择使用限制性股票和股票期权对经理人进行激励。因此，监管部门对股权激励机制作出了明确的制度规定。2005 年，证监会发布《上市公司股权激励管理办法（试行）》，允许上市公司向高管层、董事会和监事会成员提供股票期权或限制性股票，上市公司也要对股票期权信息进行披露。2015 年，证监会发布《股票期权交易试点管理办法》及配套规则。2016 年，证监会发布《上市公司股权激励管理办法》，进一步落实有关公司治理的深化改革。2018 年，证监会发布《关于试点创新企业实施员工持股计划和期权激励的指引》，对创新企业员工持股和期权激励进行了突破性规定。同年，新修订的《公司法》第一百四十二条对股份回购有关事项作出修订，进一步规范了上市公司实施股权激励的路径。

4. 激励机制的具体方式

在欧美发达国家，经理人的报酬通常由基本工资、奖金、长期激励计划以及其他项目组成。经理人报酬可以分为内在报酬和外在报酬两部分，如图 5-6 所示。内在报酬指工作者通过工作本身获得的满足感、成就感，个人成长机会和多元化活动等方面。外在报酬可以分为直接薪酬、间接薪酬、非财务薪酬三类：直接薪酬包括基本工资、奖金、津贴、红利等；间接薪酬包括各种福利项目；非财务薪酬包含良好工作环境、身心健康的保障、工作平等的保障等方面。

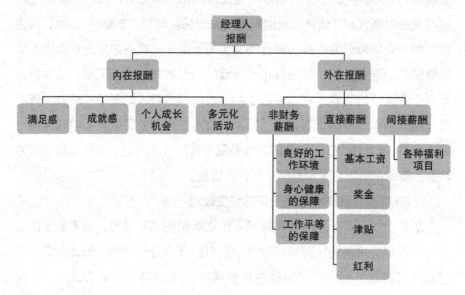

图 5-6　经理人报酬结构

根据表现形式的不同，经理人薪酬可以分为货币薪酬和非货币薪酬，如图 5-7 所示。货币薪酬包括基本工资、奖金等可以用货币衡量的部分；非货币薪酬是企业以物质服务或安全保障等形式支付给经理人的报酬，表现为保障计划、家庭福利、改善健康状况等形式。根据经理人收益期限的不同，可以将货币薪酬分为短期薪酬和长期薪酬。短期薪酬包括基本工资和基于上一年度公司业绩的奖金；长期薪酬包括股票期权、限制性股票、长期激励计划和退休金计划。

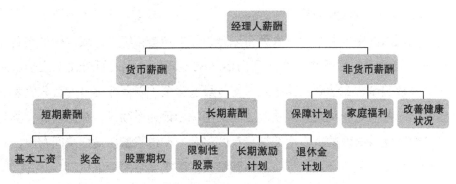

图 5-7　经理人薪酬结构

我国公司经理人薪酬结构较为单一，且多为货币薪酬。总体而言，我国公司经理人薪酬包含以下内容：基本工资、年度奖金计划、股票期权、限制性股票、退休金计划和遣散费。

（1）基本工资

经理人基本工资由公司薪酬委员会制定，制定时会考虑到经理人的具体任务和挑战、工作经验、同行业平均工资水平等因素。绝大多数公司在评估经理人业绩时，会依赖于营业收入、每股收益、净利润等绩效指标，在此基础上通过各种方法进行计算。考虑到以会计为基础的业绩衡量办法可能会被操纵，可以使用业务或战略业绩目标、质量改进目标、平衡计分卡等方式评估经理人业绩。

经理人基本工资的制定，主要基于一般行业工资调查（使用行业特定调查的公共事业和金融机构除外），辅以对特定行业或同行企业进行详细分析。现阶段，我国上市公司经理人的基本薪酬制定的目的在于激发经理人的组织活力，使其主动承担更多责任。例如，2018 年万科宣布重构职级工资体系，将原来的固定月薪调整为基本工资和岗位责任工资两部分。其中基本工资以员工的能力和工作经验为依据，同时考虑社会工资水平确定；岗位责任工资会根据员工承担的责任大小、任务多少、风险高低确定，每年至少评定一次。这样的设计，在激发员工动力和责任心的同时，公司也能根据情况进行灵活调整。

（2）年度奖金计划

经理人的年度奖金计划大致可以分为三类：本年绩效、绩效标准和薪酬－绩效关系的敏感性。在达到门槛绩效（绩效标准的百分比）之前，不会发放奖金，在达到门槛绩效时支付最低奖金（以目标奖金的百分比表示）。门槛绩效和奖金上限绩效之间的区域标记为激励区，在此区间，奖金的数额随着绩效的上升而增加。年度奖金的自由裁量权发挥空间有限，在一些公司，董事会可以行使自由裁量权，决定奖金的分配比例。此外，首席执行官的部分奖金取决于个人绩效，但是比重很少超过奖金总额的25%。年度奖金的目标是激发经理人的潜能，规避惰性，为企业的经营发展作出更多贡献。

（3）股票期权

股票期权是公司为了激励、留住核心人才而常用的手段之一。自20世纪90年代以来，股票期权逐渐成为经理人薪酬的重要组成部分。期权以股票的形式发行，行权价格通常为授予日股票价格；行权期限通常为10年，一般在授权后3年可以行权。股票期权与股票激励的区别有：第一，期权只奖励股价上涨的情况，不奖励股东总回报（包括股息）增加的情况，这会使经理缺乏向股东发放股息的动力；第二，因为期权价值随着股价波动而变动，经理人有强烈动机进行风险更高的投资活动，股票激励引发的这种动机要小得多；第三，若股价低于行权价格且经理人认为未来行权机会很小，则股票期权就丧失了激励作用，而股票本身的价格一般不会为零。

我国有关期权激励的制度、法规设计不断完善，我国上市公司已经基本具备了实施期权激励的条件。实施股权激励有利于解决经理人与公司股东的利益不一致性问题，持续有效地促进公司业绩和股价的提高。

（4）限制性股票

限制性股票制度是上市公司按照预定条件授予激励对象一定数量、行权期通常为3~5年、抛售具有特殊限制的本公司股票的机制。经理人只有在满足特定的服务年限或业绩指标条件后，才可以出售限制性股票。限制性股票可以分为两种：折扣购股型和业绩奖励型。折扣购股型股票采取定向增发形式，以低于二级市场价格的价格出售给激励对象。业绩奖励型股票的模式需要公司支付现金回购股票，将其按照分配方法授予激励对象。

除了基于年度绩效的激励，许多公司也向经理人提供基于 3~5 年累积绩效的移动平均值、以股票形式支付的长期激励计划。例如，宇通客车2012 年开始实施 A 股限制性股票激励计划，向中高层管理人员和其他优秀个人按照职级、司龄分别授予相应数量的公司限制性股票，有效期为 3 年。限制性股票激励计划的实施对公司财务表现具有积极作用，2014 年公司实现年度营业收入 257.28 亿元，比 2011 年增长 51.95%。2014 年度归母扣非净利润为 18.88 亿元，比 2011 年增长 66.05%。公司的业绩满足了此次限制性股票解锁的业绩条件。

（5）退休金计划

公司一般会为经理人设立一个定额公积金计划，每年向公积金管理中心缴费，并为经理人过去的服务支付一定的金额。公积金计划的受托机构按照受益经理人的意愿进行分配投资，经理人在离职或退休前不能提前支取公积金计划的款项。除参加全公司的退休计划，经理人也可以定期参加补充经理人退休计划。补充经理人退休计划可以采取多种形式，包括基于贷记服务年限的固定福利和基于通货膨胀或公司业绩的可变福利。补充经理人退休计划的收益同样取决于公司业绩或服务年限。例如，阿里巴巴合伙人在满足一定的年龄条件和服务条件后可以被合伙人委员会推举为荣誉合伙人，享有延期奖金。

（6）遣散费

公司给经理人的遣散费具体表现为"黄金降落伞"和遣散协议，其目的是使经理人不必担心失去工作，为经理人提供激励。此外，作为公司多期激励合同的一部分，遣散费制度具有保护公司机密，避免经理人在离开公司时出现负面影响的作用。但是，经理人遣散费通常与公司的业绩无关，难以对经理人产生公司业绩方面的激励，市场也会对遣散费发放作出负面反应。近年来，部分公司将"黄金降落伞"与控制权变更条款结合，其常被视作"毒丸计划"的一部分，防止公司被恶意收购。一旦公司的控制权发生变动，公司解雇高管需要向高管支付高额补偿金。例如，在联想集团的认股权计划中，35% 的认股权被分配给包括退居二线的公司创业元老，作为"黄金降落伞"，这既是对二线创业元老对公司贡献的承认，也让他们心甘情愿地退出公司管理。中国宝安、广东海印分别在 2016 年和 2017 年通过了公司章程中有关高管"黄金降落伞"的规定：若公司被并购，公司高管在任期届满前如确需终止或解除职务，必须得到本人的认可，且公司需一次性支付其相当于上一年年薪及福利待遇总和 10 倍以上的经济补偿。

对迪士尼"最牛"经理人争议的解答

　　2005 年 3 月 14 日，曾经执掌迪士尼 21 年的迈克尔·埃斯纳结束了他在迪士尼的职业生涯。这些年，他以自己强硬和事必躬亲的工作态度和独到的市场眼光，将迪士尼重新带入辉煌；但他也因自己的独断专行和缺乏妥协的性格，将公司的第一大股东排挤出董事会，导致迪士尼的最大竞争对手梦工厂的成立，一系列投资和经营决策上的失误导致迪士尼面临破产危机。面对埃斯纳的专权独断，迪士尼董事会一度毫无办法。直到 2004 年在董事会上，罗伊·迪士尼和斯坦利·戈尔德联合了 43% 的股东，共同罢免了埃斯纳的职务。

迪士尼无法约束埃斯纳的原因

1. 公司股权分散，董事会无法形成有效制约

　　迪士尼一度对埃斯纳的独断专行束手无策，主要原因在于迪士尼公司的股权结构极其分散，董事会无法对经理人形成有效制约。在埃斯纳任职期间，迪士尼的第一大股东罗伊·迪士尼仅持有公司 1.2% 的股权且整个公司没有机构投资者持股。换言之，没有任何股东能够独立选派一名董事。这使得迪士尼的董事会在经营决策和管理层问题上难以产生统一意见，丧失了对经理人的监督制约作用，经理人的道德风险问题加剧，无法有效维护股东在公司的利益。如果不能联合其他股东一致行动，任何股东都不能通过迪士尼董事会约束埃斯纳的行为。

2. 管理层权力过大，经理人对异见可以有效压制

根据马奇的定义，管理层权力可以解释为公司管理层"压制不一致意见的能力"。埃斯纳在迪士尼内部拥有极大的管理权力：依据任职前期的优秀业绩，埃斯纳得到了公司董事的认可并得到了极大的管理权力，以至于埃斯纳可以影响董事会决定管理者报酬的决策，甚至将对他不满的董事罗伊·迪士尼和斯坦利·戈尔德排挤出董事会。在日常经营中，埃斯纳凭借自己的首席执行官身份，通过严厉报复、开除甚至体罚的方式压制了下属的异见。通过以上方式，埃斯纳将迪士尼董事会变成了自己的傀儡，将自己的下属变成了只会服从自己命令的机器，没有人能对他的决策和想法造成影响。

大股东缺位导致的公司治理问题

1. 提高公司治理成本，降低公司治理效率

若公司股权结构分散、缺乏大股东，一方面，在公司董事会上难以形成统一意见，严重影响公司的决策效率。另一方面，股权结构的分散可能导致任何股东都无法独立派出董事，多个股东达成一致派出董事将提高公司的治理成本。

2. 削弱董事会对公司经理人的监督制约

小股东相较于大股东而言，在监督、制约公司经理人方面既缺乏动力又缺乏能力。公司股权结构过度分散、大股东缺位的问题将削弱董事会对经理人的监督制约职能。公司所有者与经理人的委托–代理问题将被激化。

3. 加剧公司实际控制人侵害中小股东和利益相关者利益

在大股东缺位导致的董事会监督制约职能较弱的情况下，公司实际控制人和经理人缺乏董事会制约，可能导致公司的中小股东和债权人等利益相关者的利益受到侵害。

案例分析与讨论：阿里巴巴合伙人制度

2014 年 9 月 19 日，阿里巴巴在美国纽约证券交易所成功上市。从上市后的阿里巴巴股权结构来看，第一大股东软银和第二大股东雅虎持股比例分别为 31.8% 和 15.3%，远超以马云为首的合伙人团队共同持有的 13.1%，其中马云仅持股 7.6%。然而，根据阿里巴巴公司章程的相关规定，以马云为首的合伙人团队有权力任命董事会的大多数成员，成为公司的实际控制人。值得注意的是，阿里巴巴在美上市并没有使用 Facebook、Google、京东等公司上市融资时所采用的双层股权结构模式，而是使用普通股一股一票与"湖畔花园合伙人制度"相结合的新模式。"湖畔花园合伙人制度"是阿里巴巴在公司治理结构的重大创新，该制度在 1999 年公司创立之时便已具雏形，并于 2010 年正式确立。该制度可以分为两个组成部分：合伙人内部结构和董事会结构。阿里合伙人内部架构如图 5-8 所示。

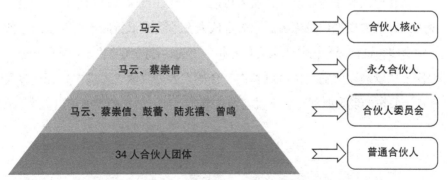

图 5-8　阿里合伙人内部架构（截至 2019 年 11 月）

　　从图 5-9 可看出，阿里合伙人内部架构可以分为四个层次：第一层次为合伙人核心，目前只有马云；第二层次为永久合伙人，目前只有马云、蔡崇信；第三层次为合伙人委员会；第四层次为合伙人委员会之下的普通合伙人。阿里合伙人的数量不固定，每年都可能有新的成员加入。要成为阿里合伙人，必须满足以下要求：①必须在阿里巴巴服务满 5 年；②对公司发展具有积极贡献；③高度认同公司文化，愿意为公司使命、愿景和价值观竭尽全力；④必须持有阿里巴巴股份，在任期内前 3 年持股总数不得低于任职日所持股份的 60%，3 年后不得低于 40%；⑤由在任合伙人向合伙人委员会推荐，并由合伙人委员会审核同意其参加选举；⑥在一人一票的基础上，超过 75% 的在任合伙人投票同意其加入。截至 2021 年，阿里巴巴共有 38 名合伙人，涵盖阿里集团创始人、高管及旗下各附属公司的高管。一般合伙人在离职后或年满 60 岁后必须退出合伙人团队，满足一定年龄条件和服务要求的合伙人在退出后可以被合伙人委员会推举为荣誉合伙人。荣誉合伙人享有延期奖金，但不享有一般合伙人的权利。合伙人委员会由 5 名成员组成，成员任期 3 年，由全体合伙人进行差额投票选举，连选可以连任。选举时，在目前合伙人委员会成员基础上按照超额 3 人的限制提名下一届合伙人委员会成员的候选人名单，由得票最多的 5 人组成新一届合伙人委员会。合伙人委员会负责审核新候选合伙人的提名、选举事宜，推荐并提名公司董事会人选，将薪酬委员会分配给合伙人的分红分配给全体合伙人等事务。永久合伙人可以一直担任合伙人直到退休、身故、丧失行为能力或被选举除名。永久合伙人在达到最低持股比例要求的合伙人中由即将退休或现任的永久合伙人指定产生。合伙人的收入包括两部分：担任公司管理职务的岗位薪酬和作为合伙人的分红收入。其中，分红收入有别于股东的现金股利，属于税前列支事项，计入公司的管理费用。

阿里巴巴控制权结构如图 5-9 所示。

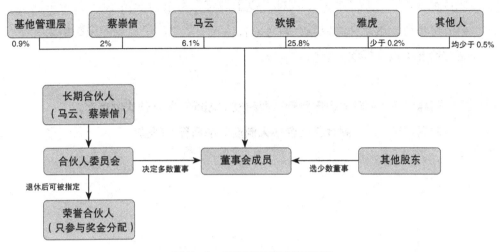

图 5-9　阿里巴巴控制权结构

在阿里巴巴赴美上市之前，马云和蔡崇信分别与软银和雅虎达成一致行动协议：软银超出 30% 的股票投票权交由马云、蔡崇信代理，30% 以内的股票投票权将支持阿里合伙人提名的董事候选人；作为交换，只要软银持有 15% 以上股权，可以提名一位董事候选人出任董事会观察员，履行投票记录等事宜，该候选人将得到马云、蔡崇信的投票支持。雅虎则将自身持有的 1/3 股票投票权交由马云、蔡崇信代理。上述协议内容只有获得 95% 以上的股东选票方可更改。由此，阿里合伙人团队掌握了对董事的特别提名权，可以提名半数以上的董事。被提名的董事候选人在股东大会上接受股东投票选举。如果阿里合伙人提名的董事候选人未得到股东大会批准，或因故在选举后退出董事会，阿里合伙人有权推荐新的人选出任临时董事填补空缺，直到下一届股东大会召开。阿里合伙人提名的董事候选人或者临时董事原则上为阿里合伙人成员，需要获得半数以上合伙人同意。包括独立董事在内的其他董事由阿里巴巴董事会和公司治理委员会提名，经年度股东大会以简单多数原则表决产生。截至 2019 年 11 月，在阿里巴巴的董事中，有 5 位执行董事全部由阿里合伙人提名，其中 4 位执行董事由阿里合伙人担任。此外，诸如首席财务官、首席人力资源官等重要高管职务也由阿里合伙人担任。同样，以上规定只有获得 95% 以上的股东选票方可更改，这意味着以马云为首的合伙人团队对阿里巴巴的控制格局在正常情况下很难撼动。

问题讨论 1：阿里巴巴为什么要建立"湖畔花园合伙人制度"？

问题讨论 2："湖畔花园合伙人制度"的利弊有哪些？

扫码即可查看
本章问题讨论答案

第 6 章

股权激励：是福利
还是激励

扫码即可观看
本章微视频课程

一个案例引起的思考：
伊利股权激励引争议

1. 是福利还是激励

在 2014 年及 2016 年两次施行股权激励计划之后，伊利在接下来的几年内实现高速稳健增长，陆续推出安慕希、畅轻、金领冠睿护等战略性产品，其高端产品金典更是在 2018 年创造了营收 798 亿元、利润 60 亿元的销售奇迹，此时的伊利距离 2020 年"五强千亿"的目标只有一步之遥。时任董事长潘刚在投资者见面会上将伊利业绩增长的奇迹归功于多次股权激励计划的实施，同时提出更长远的发展目标：要在 2030 年成为全球乳业第一、全球健康食品前五。

为更好地激励管理层实现这一目标，2019 年 8 月 5 日晚间，伊利发布了 2019 年限制性股票激励计划（草案），本次股权激励计划的激励模式为限制性股票，拟向 474 名公司管理人员以及核心技术骨干授予公司限制性股票 1.83 亿股，占当时公司股本总额的 3.0%，授予的限制性股票价格为 15.46 元 / 股。本次股权激励计划公司层面的业绩考核条件为以 2018 年净利润为基数，2019—2023 年净利润增长率依次不低于 8%、18%、28%、38%、48%，且净资产收益率不低于 15%，净利润指归属于上市公司股东的扣除非经常性损益后的净利润，并且以剔除本次及其他激励计划股份支付费用影响的数值作为计算依据。根据此次股权激励的考核办法，每一个会计年度结束后，由董事会薪酬与考核委员会组织对激励对象工作业绩、工作态度和安全合规等方面进行个人业绩综合考核，并对考核结果进行评审评估，对评审结果进行分档。若激励对象年度绩效综合考核结果对应等级为及格及以上，则激励对象可解除当期限制性股票的限售；若激励对象年度绩效综合考核结果为不及格，公司按照激励计划的有关规定将激励对象所获限制性股票当期拟解除限售份额回购并注销。

这一次股权激励计划的行权条件是否过于简单呢？整体而言，此次考核标准确实太过于宽松了，此次股权激励计划行权条件中业绩考核指标引起了最大的争议。2016—2018 年，伊利的扣非归母净利润增长率分别为12.66%、17.70% 和 20.32%，远超行权条件中利润年均复合增长率 8.2%的要求，而公司净资产收益率近十年来从未低于 20%，远超行权条件中的15%。由此可见，从伊利的历史盈利情况来看，本次股权激励计划业绩行权条件的设置过于宽松，并没有挑战性，加上之前关于股权激励计划分配对象的分析，本次股权激励计划似乎是在向高管们送股票。此外，从授予价格来看，每股 15.46 元，公司以均价 31.67 元 / 股回购股票，而股权激励计划的行权价格还不到股票回购价格的一半，因此市场质疑股权授予价格太低。从激励对象的具体分配情况来看，董事长潘刚被授予的股份高达 6 080 万股，占所授予限制性股票总额的 33%，占总股本的 0.997 2%，非常接近我国股权激励办法对激励对象被激励比例 1% 的数量限制。按照市值计算，潘刚被授予的股权高达 17 亿元。加上其他高管被授予的股权数量，本次激励高管独占 45%，可见对高管的激励金额之大。综上所述，此次股权激励计划是"福利"而非"激励"。

2. 投资者反应与后续处理

那么，投资者对这次股权激励计划有何反应呢？就在这个草案公布以后的很短时间里，伊利的这个股权激励计划在市场上掀起广泛的讨论和关注。在方案提出的第二天，伊利股份开盘便暴跌 8.8%，几乎跌停。市场对此次股权激励计划的争议点主要在于：伊利的股权激励计划门槛设置是否过低，行权条件设置是否合理，行权价格是否过低，此次激励计划是否是企业内部向管理者及员工输送利益的手段。

面对市场的质疑与市场舆论的压力，为了更好地兼顾管理层、公司员工、股东等多方面的利益，伊利对原方案进行了修订，2019 年 9 月 6 日，公司发布《内蒙古伊利实业集团股份有限公司 2019 年限制性股票激励计划草案（修订稿）》，在该修订稿中，回购股份减少 0.5% 至 2.5%，剩余 0.31 亿股直接注销，注销将降低总股本，提升每股收益；激励对象由 474 人增加至 480 人，考核指标净资产收益率自原来的 15% 提升至 20%，对盈利质量提出更高要求，并且新增每年现金分红率不低于 70% 的指标，兼顾了股东的利益；摊销费用由原来的 22.15 亿元降至 14.75 亿元，缓解市场此前对费用过高的担忧。

想一想： 你认为伊利修订后的股权激励计划可能存在什么问题？

股权激励有哪些方式

什么是股权激励

根据《上市公司股权激励管理办法》，"股权激励是指上市公司以本公司股票为标的，对其董事、高级管理人员及其他员工进行的长期性激励"。实施股权激励是为了缓解现代企业两权分离而导致的委托–代理问题，降低代理成本，促使企业的管理者向企业的所有者进行角色的转变，使得管理者的利益与所有者的利益趋于一致，从而充分调动企业管理者的积极性和主动性，实现企业价值最大化的目标。

表 6-1 所示为股权激励制度发展历程。我国在 2005 年开始股权分置改革之后，各项关于股权激励的相关规章制度的制定和实施使得股权激励计划在实施过程中的一些障碍得到了解决，股权激励在上市公司中逐步推广开来。自 2010 年以来，我国实施股权激励计划的企业大幅增长，从 2006 年到 2020 年年底，我国公布实施股权激励计划的上市公司的数量逐年上升，具体如图 6-1 所示。

表 6-1 股权激励制度发展历程

公布日期	发文单位	内容
2005-12-31	证监会	为进一步促进上市公司建立、健全激励与约束机制，证监会制定《上市公司股权激励管理办法（试行）》，2006 年 1 月 1 日开始实施
2016-07-13	证监会	证监会根据股权激励的发展趋势、实践总结等完善了股权激励政策，重新发布《上市公司股权激励管理办法》，2016 年 8 月 13 日开始实施，废止原管理办法
2014-11-05	深圳证券交易所	深圳证券交易所牵头负责受理和评估证券公司开展上市公司股权激励行权融资、限制性股票融资业务试点，发布《关于受理和评估上市公司股权激励行权融资和限制性股票融资业务试点工作安排的通知》
2016-08-12	上海证券交易所	为规范上市公司办理股权激励计划的股票期权自主行权业务，提高股票期权激励对象的行权效率，上海证券交易所发布《关于股权激励计划股票期权自主行权相关事项的通知》
2018-08-15	证监会	证监会进一步修订《上市公司股权激励管理办法》，发布《关于修改〈上市公司股权激励管理办法〉的决定》
2019-10-24	国务院国有资产监督管理委员会	国务院国有资产监督管理委员会针对中央企业控股上市公司股权激励事项，发布《关于进一步做好中央企业控股上市公司股权激励工作有关事项的通知》
2020-05-30	国务院国有资产监督管理委员会	为推动中央企业实施中长期激励，国务院国有资产监督管理委员会制定《中央企业控股上市公司实施股权激励工作指引》
2020-08-21	全国中小企业股份转让系统有限责任公司	为规范挂牌公司、主办券商等相关主体在全国中小企业股份转让系统办理股权激励和员工持股计划业务，全国中小企业股份转让系统有限责任公司制定《全国中小企业股份转让系统股权激励和员工持股计划业务办理指南》
2020-08-21	证监会	证监会为规范股票在全国中小企业股份转让系统公开转让的公众公司实施股权激励和员工持股计划，发布《非上市公众公司监管指引第 6 号——股权激励和员工持股计划的监管要求（试行）》

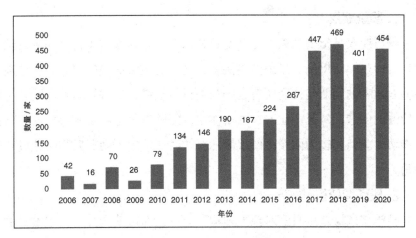

图 6-1　2006—2020 年我国公布实施股权激励计划的上市公司数量

股权激励的方式

常用的股权激励方式有：期权模式和股票模式，其中，期权模式包括股票期权和股票增值权，股票模式包括限制性股票、业绩股票和虚拟股票。常用的股权激励方式如图 6-2 所示。在股票模式下，股权激励对象在满足一定条件后即获得公司授予的股票（或虚拟股票），除非公司无偿赠与，激励对象一般需要提前付出成本；而期权模式下激励对象在满足条件后即拥有了自主行权的权利，可以选择行权，也可以放弃行权，无须提前付出成本。

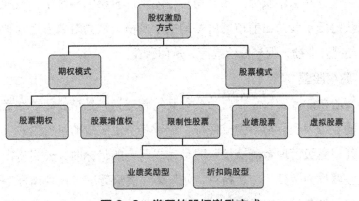

图 6-2　常用的股权激励方式

1. 股票期权

股票期权是指公司授予激励对象在未来一定期限内（行权期）以预先确定的价格（行权价）和条件购买本公司一定数量股票的权利。股票期权能将管理者的利益与公司所有者的利益进行捆绑，促进管理者注重公司长期价值的创造，对公司业绩有推动作用，能够更好地激发核心技术人员的工作动力。但其较为依赖股票市场的有效性，适用于创业期和快速成长的公司。

2. 股票增值权

股票增值权是指激励对象无须购买股票，即可获得公司一定数量的股票价格上升所带来收益的权利。激励对象在获得股票增值权时无须支付现金购买标的股票，当公司股价上升时仍然可以选择获得增值股利报酬或者买进等价公司股票。股票增值权的优点在于操作简单明了，无须变更股权，可以有效避免公司原股东股权被稀释；缺点是如果公司出现股票价格大幅上涨的情况，激励对象要求按照约定兑现现金回报时，会额外增加公司运营负担。股票增值权可以激发员工潜能，提高工作积极性，增强公司运营能力。

3. 限制性股票

限制性股票是指公司按照预先确定的条件授予激励对象一定数量的本公司股票，激励对象只有在满足激励计划规定的解除限售条件后，才可出售限制性股票并从中获益。在公司实施限制性股票的实践中，激励对象往往可以获得低于股票当前市场价格的授予价格，激励对象为追求利益，会尽其所能提升业绩，促进股价提高，从而获益。

4. 业绩股票

业绩股票的激励对象主要为公司高级管理者，是指公司根据当期高级管理者的业绩表现及指标完成情况，给予其一定数量的可流通股权作为激励。当公司高级管理者能够按照约定完成既定的目标时，公司将授予其一定普通股票作为奖励。与之相对，如果公司高级管理者出现离任等情况或者未达成行权条件，则公司可以收回高级管理者尚未兑现的业绩股票。业绩股票这一激励方式对激励公司高级管理者提高业绩，提升组织管理水平都起到了非常积极的作用，带动了公司市值的增长、增加了股东的财富，而在其相对较大的退出成本的约束下，其激励效果也十分明显。

5. 虚拟股票

在虚拟股票激励方式下，公司并不真正给激励对象分配股票，而只是提供一种奖励依据。在这种模式下，激励对象按计划数量被授予虚拟股票，根据授予比例，激励对象可从公司领取分红与股票价格升值部分的收益。虚拟股票的激励对象并不能成为公司真正意义上的股东，用于激励部分的股票只能在公司内作为依据，不能在市面上流通。

股权激励方式的对比：股票期权和限制性股票

图 6-3 所示为 2006—2020 年我国上市公司采用的股权激励方式。

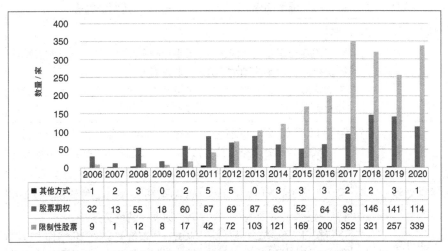

	2006	2007	2008	2009	2010	2011	2012	2013	2014	2015	2016	2017	2018	2019	2020
■ 其他方式	1	2	3	0	2	5	5	0	3	3	3	2	2	3	1
■ 股票期权	32	13	55	18	60	87	69	87	63	52	64	93	146	141	114
限制性股票	9	1	12	8	17	42	72	103	121	169	200	352	321	257	339

图 6-3　2006—2020 年我国上市公司采用的股权激励方式

从图 6-3 可以看出，2006 年至 2011 年，我国公司主要使用股票期权进行股权激励，而从 2012 年之后，越来越多的公司采用限制性股票进行股权激励。那么，近年来公司为何越来越倾向于采用限制性股票进行股权激励呢？

股票期权与限制性股票的区别如表 6-2 所示。首先，与股票期权相比，限制性股票对股东股权的稀释效应更小，有利于保持股东对公司的控制权。其次，相比于股票期权，限制性股票主要由激励对象实际出资，并且激励对象实际拥有上市公司的股票的各种权利，风险更小，即使公司的股价下跌至零，限制性股票仍然是有价值的；而采用股票期权方式进行股权激励，激励对象就有可能放弃行权，此时的股权激励毫无作用。再次，限制性股票在风险收益设计上更加平衡，权利与义务对等，并且具有一定的惩罚性，更符合市场化的要求，更能体现激励约束的对等特点，能起到更强的激励作用。最后，限制性股票的授予价格比市场价格低，最低可以达到市场价格的 50%，使得公司内部核心人员有更高的购买积极性。

表 6-2 股票期权与限制性股票的区别

项目	股票期权	限制性股票
授予标的	期权	股票
激励成本	除了需要公司支付一定的期权费用外，从实施到结束几乎都不涉及现金流出，激励成本较小	采用定向发行时，激励成本与股票期权相差不大 采用回购方式时，激励成本比股票期权高
授予价格	不得低于草案公布前1、20、60、120 个交易日股价均值的最高值	不得低于草案公布前1、20、60、120 个交易日股价均值的 50% 的最高值
会计处理	确认股权激励费用	确认库存股、其他应付款等回购义务
税务处理	行权时发生应税义务 以行权日市价减去行权价格作为工资、薪金所得，缴纳个人所得税	转让时发生纳税义务 以出售日市价减去授予价格作为股票转让所得，目前我国对股票转让所得暂不征收个人所得税
股权稀释作用	较大	较小
权利和义务的对等性	权利和义务不对等，不具有惩罚性	权利和义务对等，具有惩罚性

续表

项目	股票期权	限制性股票
优点	公司的角度：维持核心团队人员稳定性，减少代理成本 员工的角度：初始获取成本低，公司发展好时，可以获得超额回报	公司的角度：可以通过发行股票的方式融入资金；分批解锁，有利于稳定核心团队；设定具体的解锁目标，有利于激励效果的实现 员工的角度：一般能以低于市价50%的价格获得股票所有权，收益的不确定性小
缺点	公司的角度：股权容易被稀释；如果公司发展不好，激励对象可以选择不行权，导致激励效果差 员工的角度：等待期一般较长，收益不确定性较大	公司的角度：若公司股价下跌可能导致股权激励效果较差 员工的角度：初始阶段需要支付限制性股票购买款，资金压力大；若未达到行权条件，会使自己利益受损

如何制定股权激励计划考核指标以避免激励福利化

基于会计绩效的考核指标选择

1. 考核指标介绍

基于会计绩效的考核指标主要有净利润、资产回报率和股东权益报酬率等，这些会计指标为量化企业的经营业绩和经营状况提供了评价的依据。净利润基于收入配比原则，在不考虑权益资本成本的情况下反映企业所创造的价值。资产回报率衡量了企业单位资产的价值创造能力，该指标越高，说明企业每单位资产创造利润的能力越强。股东权益报酬率（净资产收益率）反映了企业股东的收益水平，体现了企业自有资本获取收益的能力，该指标越高，说明企业运用自有资本的效率越高。例如，伊利2019年的股权激励方案中所设置的考核指标包括净利润和股东权益报酬率，要求公司2019—2023年净利润增长率依次不低于8%、18%、28%、38%、48%，且净资产收益率不低于20%。

2. 考核指标的优点

（1）计量过程和结果具有一定科学性

基于会计绩效的考核指标根据企业已发生的经济活动，在公认会计准则的指导和约束下，将一定期间的收入和费用进行配比，量化过去期间的企业业绩，其计量过程具有一定科学性，且易于理解。同时，企业会计业绩的计量结果受独立第三方鉴证后，将大大提升其权威性。

（2）会计数据具有较强的可比性

会计业绩是基于历史成本的原则，对过去的经济活动进行的总结，沿用一致的会计政策，因而会计数据具有较强的可比性，能够清晰、直观地反映经理人本期的行为结果，及时、客观地评价企业本期的业绩创造。

（3）业绩评价具有较强的可操作性

由于会计数据易于获取，在传统的业绩评价方法中，基于会计绩效的考核指标使用得最为广泛，以会计指标进行业绩评价具有较强的可操作性。同时，会计绩效主要体现企业在某一期间内自身的发展水平，较少受不可控因素的影响，因此，基于会计绩效的考核指标与经理人努力水平的依存度强，经理人对会计绩效变化的敏感性也强，从而能对经理人产生较明显的激励效果。

3. 考核指标的缺点

（1）会计利润指标易被操纵

经理人对企业的经营活动具有较大的决策权，能根据自身利益需求自主安排交易事项，可对会计政策和会计方法的选择施加影响，操纵甚至更改会计信息。尤其在经理人与企业所有者存在信息不对称的情况下，经理人具有较强的动机和能力进行企业的盈余管理，通过操纵会计利润指标粉饰企业业绩，导致评价指标难以真实反映经理人的业绩成果。

（2）会计利润指标未考虑权益资本的机会成本

现行财务会计仅对企业的债务资本成本进行确认和计量，由于没有考虑企业权益资本的机会成本，因此以会计利润指标作为业绩评价的标准存在一定的误差，难以正确反映企业在该会计期间真实的经营业绩。更重要的是，在该业绩指标评价体系下，企业经理人可能形成"免费资本"的错误观念，造成对权益资本的低效和无效使用，作出不符合企业利益的经营决策，从而不利于企业的长期健康发展。

（3）会计利润指标与业绩评价要求不适配

财务会计体系的建立源于债权人要求对企业的经营管理进行监督，而非出于衡量企业价值或业绩的目的，因此在反映企业利润时十分重视谨慎性原则，而较少关心企业的发展潜力，如进行无形资产投资时要求将企业的研发费用在当期一次性摊销。这样保守的会计处理将导致经理人的业绩评价不客观，存在短期导向，影响企业的长期发展。

基于市场绩效的考核指标选择

1. 考核指标介绍

基于市场绩效的考核指标主要有股价和股票回报率等，这些指标借助公开证券市场的信息和价格形成机制，反映企业市场价值的变动，以衡量和评价经理人在某一时期的业绩表现。企业在有效的资本市场实施证券化之后，企业的股价与其经营业绩将具有一定的相关性，企业的经营水平越高，其股价通常也越高。例如，2021 年 4 月 27 日，纳川股份（300198）披露了《2021 年限制性股票激励计划（草案）》，本次股权激励计划公司层面考核指标包括市场绩效指标，要求 2021 年、2022 年、2023 年任意连续 20 个交易日收盘市值的算术平均数分别达到 120 亿元、160 亿元、200 亿元。

2. 考核指标的优点

（1）有利于克服经理人的短期行为

与会计绩效指标相比，股价等市场绩效指标是企业短期绩效与长期价值在资本市场的综合体现，不仅与企业已实现的会计利润相关，还受企业盈利潜力和发展前景的影响。因此，经理人不仅需要考虑经营当期的绩效，还需要考虑当期经营活动对未来期间的影响。这有利于经理人在经营决策时克服短期行为，综合考虑企业长期的风险与收益，从而作出符合企业持续发展的长期决策。

（2）有利于加强对经理人的监督

采取股价等市场绩效指标的企业大多是已公开上市的企业，这些企业需要接受独立第三方机构的审计和监督。同时，公开透明的外部披露还能对经理人的在职行为进行控制和监督，减少经理人的过度在职消费和操纵会计绩效等行为，在一定程度上保护企业的经营成果。

（3）有利于形成风险共担、利益共享机制

以股价作为经理人业绩评价的指标通常伴随着对经理人进行股权激励。在有效的资本市场上，当经理人的报酬与股价产生联系时，经理人则会面临股东所面对的市场风险。这将诱导经理人努力经营，提升企业的业绩，将利好消息传导至资本市场，改善投资者预期，提升企业股价，与股东形成风险共担、利益共享的机制。

3. 考核指标的缺点

（1）受制于市场有效性

在有效的资本市场上，股价和股价增长率等市场绩效指标通常能较公允地反映企业的市场价值及其变动方向，以评价经理人在某一期间的经营管理活动对企业的影响。但是通过股价等市场绩效指标对经理人的经营管理水平进行评价时，其准确性受制于市场的有效性。资本市场的成熟度越高，企业价值与股票价格的相关性就越强；若资本市场的成熟度较低，则企业价值与股票价格之间的相关性也会相应较弱，导致股价等市场绩效指标难以真实地反映企业的经营绩效及成长性，从而不能合理评价经理人的经营能力和努力程度，难以达到激励的效果。

（2）关联度较低

股价等市场绩效指标受企业内外部多种因素的影响，许多企业无法控制的因素会影响股票价格，导致股票价格与经理人的经营管理能力之间的关联度较低，不能完全反映经理人的业绩水平。股票价格虽然能在一定程度上体现企业当期的业绩，但也会受到来自金融市场的各种因素的影响。此外，股票价格的变化还是市场上不同类型投资者的各种非理性因素作用的结果，如果仅仅将股价等指标作为经理人业绩评价的基础，将大大影响经理人的积极性，甚至导致经理人过度关注股价等市场绩效指标，反而忽视企业的经营管理。

（3）存在效用递减效应

由于股价等市场绩效指标受多种因素的影响，因此将股价作为业绩评价的基础将会使经理人承担较大风险，导致经理人要求获得更高的回报，如提高持股比例。但是，持股比例的提高对经理人的激励存在边际效用递减效应，而股东也不可能无限制地提升经理人的持股比例，这将导致对经理人的激励成本不断增加。同时，随着经理人在公司的持股比例越来越高，将产生严重的公司治理问题，经理人享受在职消费和强化信息不对称的能力越来越强，企业所有者对经理人进行监督的成本和难度也会越来越高。

基于经济绩效的考核指标选择

1. 考核指标介绍

经济增加值（Economic Value Added，EVA），于 20 世纪 80 年代兴起于美国，后逐渐成为评估企业业绩的重要经济指标。EVA 的最大特点是从股东价值角度衡量企业的所有成本，包括股权资本成本和债务资本成本，在考虑所有成本的情况下重新定义了企业利润。EVA 的计算公式为：EVA= 息前税后营业净利润 − 总资本 × 加权平均资本成本。其中，加权平均资本成本是指债务资本与股权资本的加权平均。企业经营的最终目标在于提升企业绩效，为股东创造更多的价值，同时关注企业各利益相关者的权益。因此，考虑了股东资本成本的 EVA 指标有利于使企业更关注资本运行的有效性和收益性。当 EVA 为正数时，代表企业创造了价值；当 EVA 为负数时，则表示企业损失了价值；如果 EVA 正好为零，则表示企业所产生的利润仅能覆盖债务资本和股权资本。例如，海康威视（002415）《2018 年限制性股票计划》约定的第二个解锁期的考核指标就包括 EVA，要求公司 2021 年度的 EVA 较 2020 年度的 EVA 有所增长。

2. 考核指标的优点

（1）有利于正确评价企业业绩水平

以 EVA 作为企业业绩评价指标，能够反映企业真实的价值创造能力。EVA 从股东价值的角度衡量企业的所有资本成本，营业收入只有超过资本成本才算真正实现了盈利。与传统的会计利润相比，EVA 考虑了对权益资本成本的补偿，比会计利润更具有说服力，能够更为客观地反映企业资本的使用效率。同时，EVA 减少了会计稳健性要求对企业经营业绩造成的失真，更真实地反映了企业的业绩水平。

（2）有利于实现经理人与所有者利益诉求的趋同

基于 EVA 的激励机制以合理的方式对企业的控制权和剩余索取权进行再分配，其评价标准为是否提升了企业价值。这有利于实现经理人与企业所有者利益诉求的趋同，从而促进经理人将追求自身利益最大化的目标和提升股东价值的行为进行有效统一。在 EVA 激励下，经理人要想增进自身收益就必须提升投资回报，创造更多的企业价值，这促使他们在做经营管理决策时更谨慎也更高效，自觉站在股东的角度改善管理行为。

（3）有利于改进激励效果

基于 EVA 的激励机制从企业自身已实现的价值增值出发，更多关注企业真实的经营业绩，较少受竞争对手、金融市场行情等经理人难以掌控的因素的影响，能够更直观地评价经理人工作的努力程度和产生的业绩成果，更好地将经理人创造的价值与所获得的回报挂钩。此外，以 EVA 作为企业业绩评价基础更具针对性，容易被经理人接受，使经理人努力的方向更清晰，更容易实现预期的激励效果。

3. 考核指标的缺点

（1）受限于财务导向的会计处理方式

EVA 基于收入实现与费用确认的会计处理方式，在会计准则的基础上对会计利润进行调整。虽然一定程度上改进了以会计利润衡量企业业绩的不足，但会计数据及会计处理方法依然存在被经理人更改和操纵的可能，EVA 这一业绩评价指标仍受限于财务导向的会计处理方式。

（2）难以准确计量权益资本成本

利用 EVA 对企业的经营业绩进行衡量和评价的重点在于考虑权益资本成本，但权益资本成本的准确计量是现代财务学理论与实践尚未解决的难题。尤其在我国资本市场还不够成熟和完善的情况下，由于难以利用资本资产定价模型来准确计量权益资本成本，EVA 指标的可靠性就会大打折扣。同时，利用 EVA 指标需要对会计利润做大量调整，这将大大增加工作量，降低核算效率。

（3）存在短期导向

以 EVA 作为企业业绩衡量的指标，关注的仍是当期的业绩，这会使经理人出现短期行为倾向，不愿投入过多资本和时间进行产品创新和技术改造。例如，为了避免降低当期 EVA，经理人可能会尽量减少创新性的管理活动，从而对企业的长期发展产生不利影响。

股权激励其他要素

1. 股权激励价格

对于股票期权而言，股权激励价格是指未来激励对象行权时股票的价格。股票期权的激励价格不得低于股票票面金额，同时在原则上不得低于股权激励计划草案公布前 1 个交易日的公司股票交易均价，以及股权激励计划草案公布前 20 个交易日、60 个交易日或者 120 个交易日的公司股票交易均价中的较高者。

对于限制性股票而言，股权激励价格是指授予期激励对象对该股票的购买价格。限制性股票的激励价格不得低于股权激励计划草案公布前 1 个交易日的公司股票交易均价的 50%，以及股权激励计划草案公布前 20 个交易日、60 个交易日或者 120 个交易日的公司股票交易均价的 50% 中的较高者。

2. 股权授予数量

股权授予数量决定了股权激励的激励强度。不同的学者对股权激励强度和公司绩效之间的关系持有不同的意见。有的学者认为股权激励的强度越大，激励对象与股东利益之间的一致性越强，越能激发激励对象的积极性；然而也有学者认为股权激励的强度越大，激励对象为了避免股价的波动对自身利益的损害，会倾向于保守的投资策略，不利于公司价值最大化。

3. 股权激励对象

股权激励对象的选择是否合理，在很大程度上影响了股权激励是否能有效实现公司人力资本的激励目的，也影响着公司战略目标能否尽快实现。设置股权激励对象应最大限度使对公司业绩具有重要影响的利益相关者的个人利益与公司整体利益保持一致，但与此同时，还应当避免股权激励对象过多而导致"搭便车"的现象。

对于成长性较大的公司，由于其发展存在不稳定性，因此其股权激励对象应以高级管理人员为主；而对于趋于成熟的公司，其可以扩大股权激励对象的范围，将核心业务人员纳入激励范围；对于高新技术公司，为了提高公司的研发创新能力，其应当扩大核心技术人员的激励比例，以打造公司的核心竞争力。

4. 股权激励有效期

股权激励有效期是指股权激励计划的时间长度。《上市公司股权激励管理办法》规定，股权激励计划中股票期权授权日与获授股票期权首次可行权日之间的间隔不得少于 1 年。股票期权的有效期从授权日计算不得超 10 年。

研究表明，激励有效期越长，激励对象受到业绩考核条件的约束时间越长，盈余管理问题暴露的风险也越大，使得激励对象对行权条件进行操纵的能力被显著地削弱。我国公司目前股权激励有效期限的门槛设置相对较低，我国 70% 以上的公司将激励有效期设置在 5 年及以下。

5. 行权安排

行权安排包括行权的时间安排和行权期可行权的比例设置，而股权激励有效期会对公司行权安排产生影响。较长的股权激励期限可以使股权激励的行权期延长，这就要求激励对象在较长时期内维持较高的股票价格以获得股权收益，这在一定程度上能够减少激励对象为了获得眼前利益而倾向于采用短期行为从而放弃公司长远发展的问题，在一定程度上可以加强股权的长期激励效用。而行权期的股权激励行权比例的安排，会对激励对象的行为和心理产生影响。行权期前期可行权比例设置较高，会使得激励对象对后期提高业绩水平的期望值降低，难以有效实现对激励对象的努力行为形成持续且较高水平的激励效应。

6. 行权条件

行权条件是指股权激励方案中约定的为获取公司股票应该达到的业绩水平。股权激励的行权条件主要包括服务期限条件和业绩指标条件两种。服务期限条件指员工在满足一定服务期限后即可行权或解锁的条件。业绩指标条件指达到规定的业绩目标后才能行权的条件，包括市场条件和非市场条件。市场条件是指与权益工具的市场价格相关的条件。

行权条件的高低决定着激励对象获取股权的难易程度，如果股权激励业绩条件设置过低，激励对象则较为容易获得股权，这会降低股权的激励作用，且该股权激励更多地会表现出福利的特征，无法有效激发激励对象为获得股权收益而付出大量努力。若股权激励业绩条件设置过高，一方面容易对激励对象的工作积极性造成负面影响，不利于发挥股权激励的激励作用；另一方面也可能诱发激励对象采用盈余管理行为来实现业绩条件。除此之外，行权条件指标单一，或仅使用财务业绩指标，容易给激励对象留下较大操纵空间。

对伊利股权激励争议的解答

2019 年，伊利进行了第四次股权激励。这在市场上引起广泛的讨论和关注，在方案提出的第二天，伊利股价一度出现大幅下滑。市场对此次股权激励方案的主要争议点在于，伊利的股权激励计划门槛设置是否合适，行权条件设置是否合理，行权价格是否过低，此次激励计划是否是企业内部向管理者及员工输送利益的手段。对此，伊利迅速作出反应。2019 年 9 月 6 日，伊利发布修订版 2019 年限制性股票激励计划（草案），使之前公布的方案更加完善。

但是，伊利的管理层在公司前十大股东中占据四个席位，这使得公司管理层在公司决议中可以掌握较大的话语权，使公司的管理层往往能够决定对自身的股权激励，体现了伊利管理层即内部人对股权激励方案的人为操控。伊利的董事会成员往往被内部人架空，公司的控制权由掌握经营权的内部人控制。公司管理层为自己制订股权激励计划，又由自己代表公司的股东行使表决权来讨论通过他们自身制定的股权激励方案，从而为自身牟取利益。2019 年的股权激励计划就疑似存在业绩解锁条件门槛过低，定向为公司高层输送福利的问题。接下来，我们分 3 个角度看其业绩解锁条件。

1. 历史业绩水平

伊利股份自 2013 年以来只有 2015 年扣非归母净利润增长率低于 7%，净利润增长率更是 10 年以来没有低于 20%。可见本次业绩条件设置得较低，只要公司不出现重大经营事故都能完成业绩指标。

2. 业绩绝对值水平

2018 年伊利实现 64 亿元的净利润，2023 年公司只要实现 93 亿元的净利润，高管就可以获得这些股票。按照 20 倍市盈率估值，差不多 2023 年伊利市值可达到 1 806 亿元，可伊利在 2019 年 8 月 5 日的市值就超过 1 806 亿元了。

3. 业绩门槛内涵

上述净利润、净利润增长率、净资产收益率指标中所涉及的净利润指归属于上市公司股东的扣除非经常性损益后的净利润，并且以剔除本次及其他激励计划股份支付费用影响的数值作为计算依据；在本计划有效期内，若公司当年实施公开发行股票、可转债或非公开发行股票等行为，新增加的净资产可不计入当年以及未来年度净资产增加额。也就是说，实施本次股权激励计划预计产生的约 22 亿元费用在计算净利润时需要扣除。同时计算净利润增长率指标时，不计算新增资产，如此说来，公司管理层完成业绩指标基本没有什么难度可言。

综上所述，伊利 2019 年的股权激励计划很可能存在管理层通过自身在公司中的影响力，将行权的业绩条件设置得过低以为自身谋取利益的问题。

案例分析与讨论：华为的虚拟股激励

1. 虚拟股计划的起步

1990 年，华为率先提出了员工持股的经营模式。当时员工参股的价格是每股 10 元，以企业税后收益的 15% 作为股权分红。早期，华为员工的待遇由基本工资、奖励和股份分配构成。华为实行股份配售的条件是员工必须上班一年以后，按照员工的各种绩效指标完成配股。员工的部分薪酬和奖励也以这种形式构成了内部投资，华为也因此获得了巨额的投资资金。

华为于 2001 年提出虚拟股计划。首先，公司不再派发 1 元 / 股的长期股票；其次，老员工持有的 1 元 / 股的股票按照 2000 年每股净资产 2.64 元换算成虚拟股；再次，员工除了获得分红收益权以外，还有股票增值权；最后，员工每年最多只能套现 1/4。在这一阶段，由于国际互联网市场的飞速发展，大量订单使得华为超负荷运转，且出现了不健康的快速扩张。大量老员工在全员持股时期积累了大量股票，使得不少员工失去了工作动力。为了激励员工，以及融得资金保证企业的运转，华为提出并实施了虚拟股。

2. 套现机制和锁定期的完善

2003 年，华为出口业务受到外界因素影响严重下滑。在同年 1 月，思科起诉华为侵犯其知识产权，这场官司还影响到了华为全球的销售情况，甚至还使得部分员工跳槽；同年从华为离职的高管李一男，凭借在华为的经验，创建了港湾网络，抢走了华为的部分市场，并挖走了华为大量核心员工。在这内忧外困的时候，华为再一次修改了员工持股计划，目的在于稳住员工队伍，共同渡过难关。华为在配股额度上作出了改进，加大了配股力度，在员工已有的股票数额基础上，再增加基本相同的配股数给老员工。股票的套现形式也发生了改变，不同于以往离职时也可以获得一定比例的套现，此次调整后的股权激励计划要求员工每年最多只能套现 1/10。另外，此次派发的股票还有 3 年的锁定期，即 3 年内不能进行兑现，如果员工在期间离职，则所持股票作废。

3. 饱和配股制度

自 2008 年，全球金融危机的爆发，使得全球各地的经济受到影响，华为员工也开始对自身所持的股票价值产生了质疑，由此产生了大量兑现股票的情况。在这一困难时期，华为为了稳住老员工，吸收新员工，提出了饱和配股制度。公司按照员工职位等级分别规定持股上限，达到限额后不可以继续增持股份。对于老员工，虽不能继续参加配股，但能保持 6% 的年化收益率；对于其他员工，可以通过努力工作获得更高的股权配额。

4. 单位时间规划

自 2013 年以来，在开拓全球市场的战略下，华为通过积极开展股权鼓励规划的形式来鼓励员工，并提出了单位时间规划（TUP），也被称作奖励期权计划。其中单位时间是指有限的时间，奖励期权是指零成本获得 TUP 分配权，即在绩效达标的条件下员工无需任何购买成本就能获得 TUP 分配权，在未来一定时期内能获得 TUP 分红的收益。图 6-4 所示为华为的单位时间规划。若员工在某年获得一次 TUP 分配权，在未来五年内（除第一年）均可获得不等份额的分红收益。员工每年都有一次获得 TUP 分配权的机会，即每年的 TUP 分配权可叠加。从另一个角度来看，该分配原则具备递延性质，将当期的奖金分四期发放，与中长期激励紧密结合。因此达到获得 TUP 分配权条件的个人绩效考核标准不局限于当年，还会将个人与未来预期因素考虑进去。其中第五年的增值收益与饱和虚拟股的面值增值保持一致，这也解决了 TUP 不存在面值而无法设置增值收益的问题。设增值收益的主要目的是将员工收益与企业长期价值挂钩，假如员工年年绩效达标，在未来某一年突然懈怠，其 TUP 分红收益在当期和未来几期都会减少，因此员工每年都需要坚持奋斗才能将自己的 TUP 分红收益最大化。由此可见，该 TUP 奖励规则显然是偏向于中长期的激励模式。总之，企业未来内在价值的增长会以 TUP 为桥梁接通个人绩效，让个人与企业同甘共苦。

第一年	获得 TUP 股权资格，该年没有分红
第二年	获得 1/3 的分红收益
第三年	获得 2/3 的分红收益
第四年	获得全额分红收益
第五年	获得全额分红收益 +TUP 增值收益，之后权益清零

图 6-4　华为的单位时间规划（TUP）

2013 年是华为发展 TUP 的萌芽时期，华为开始对外籍或身处国外的员工实行初步 TUP。当时国内的市场已经达到了饱和点，为了扩大经营规模，华为决定逐步向国外扩张。由此华为的品牌知名度不断提升，越来越多的外籍人员加入华为大家庭。当外籍员工越来越多时，华为必须考虑对外籍员工进行一定的激励，以便于统一人力资源管理，使外籍员工与我国员工受到同等待遇。

2014 年华为开始对全体员工实行 TUP。其中一个原因是 2013 年对外籍员工实行该制度成效显著，但这不是主要的原因，根本原因是前期的虚拟股制度过度偏向于老员工，会抑制新员工的拼搏动力。同时虚拟股制度容易减弱老员工的工作激情，这与华为以奋斗为本的理念严重不符。最终，华为将 TUP 目标对象由外籍员工转为全体员工。

问题讨论 1：华为实行虚拟股的原因有哪些？

问题讨论 2：华为实行 TUP 的利弊有哪些？

扫码即可查看
本章问题讨论答案

7

外部治理：外部治理
如何发挥作用

扫码即可观看
本章微视频课程

一个案例引起的思考：
ofo 的一票否决机制

1. 从风光无限到跌下"神坛"

自 2015 年面市以来，ofo 累计向全球 20 个国家，超 250 座城市，超过 2 亿用户提供了 40 亿次的出行服务，共计连接超 1 000 万辆共享单车。共享经济互联网创新模式使得 ofo 备受投资者青睐，3 年经历了 12 轮融资，金额高达 150 亿元人民币，最高估值达 30 亿美元（近 200 亿元人民币）。

然而，自 2018 年 9 月起，ofo 就开始面临各种诉讼；2018 年 10 月至 11 月，ofo 在北京市第一中级人民法院、北京市海淀区人民法院等多个法院的多个案件中被列入被执行人名单，涉及执行标的超 5 360 万元。2022 年 3 月，ofo 关联公司东峡大通（北京）管理咨询有限公司再次被北京市海淀区人民法院列为被执行人，累计被执行总金额超 3 440 万元。2022 年 12 月 1 日，原告浙江天猫技术有限公司请求法院判令被告 ofo 关联公司东峡大通（北京）管理咨询有限公司立即支付原告借款本金及相应利息共计 5.38 亿余元人民币，被告戴威承担连带清偿责任等。

2. 一票否决便利了谁

随着用户挤兑、供应商催款、员工离职、戴威被法院列入失信人名单，ofo 彻底"爆雷"。2018 年 12 月 20 日，马化腾指出，ofo 溃败的原因在于其一票否决权。曾经的 Uber 中国高级副总裁、今日头条企业发展高级副总裁柳甄则认为错不在于一票否决权，而在于谁有否决权。

众所周知，一票否决权的设计常被公司创始人写在公司章程里，以保证公司创始团队能一直拥有重大决策权。这一制度设计主要是基于公司长远发展利益的考虑，保护公司的创始文化，避免投资人的短期行为。此后，在一些不对等的股权融资中，一票否决权也常被私募机构拿来制约创始团队的一些不当行为。伴随 ofo 的溃败，这家创业型公司中 5 个权利人拥有一票否决权的事实也被公布于众，分别是：戴威、滴滴、阿里巴巴、经纬和金沙江创投。一票否决权虽然能够最大限度地保障创始人或财务投资者、早期并购方在公司的话语权，但其最大的弊端在于极易引发公司决策僵局，错失重要商业机会。在 ofo 中拥有一票否决权的权利人的数量超出了常规，使得 ofo 错失了较多并购机会。

第一次，滴滴一票否决 15 亿美元融资计划。2017 年，ofo 的过度扩张战略导致其资金短缺。滴滴创始人程维从日本拉来一笔 15 亿美元融资，条件是戴威接受滴滴高管进入 ofo。这一条件得到大部分投资人和 ofo 内部管理层同意。但在 2017 年 8 月就有传闻说戴威和滴滴系高管不和，戴威强行驱赶滴滴系高管，这促使滴滴行使一票否决权，拒绝在投资文件上签字，最终 ofo 融资失败。

第二次，戴威一票否决与摩拜合并。2017 年 10 月，投资人对 ofo "烧钱" 模式越来越不满。在金沙江创投朱啸虎的撮合下，摩拜高管与 ofo 高管坐到了谈判桌面前。摩拜第一大股东为腾讯，ofo 第一大股东为滴滴，而腾讯又是滴滴的股东，这次合并若能成功，对双方来说能实现战略共赢，但若这一合并成功，戴威将丧失一部分控制权。最终，在合并谈判进行了一个多月后，戴威行使了自己的一票否决权。与此同时，ofo 与其最大股东滴滴的矛盾公开化。撮合合并失败后，朱啸虎选择退出。在此后的媒体采访中，朱啸虎都拒绝回答与 ofo 有关的任何问题。

第三次，阿里巴巴一票否决滴滴对 ofo 的收购。2018 年 4 月，滴滴高层推进收购 ofo 的谈判。2018 年 8 月，滴滴与 ofo 一度谈拢，只差最后签字。但关键时刻，阿里巴巴否决了这次收购案，原因在于，滴滴收购 ofo 后势必重启与摩拜的合并，而腾讯是摩拜的最大股东。这意味着合并成功后共享单车将成为腾讯的天下，这对阿里巴巴的战略布局非常不利。

第四次，滴滴一票否决阿里巴巴回购滴滴股份。为了制衡滴滴在 ofo 的话语权，戴威接纳了阿里巴巴进入董事会，但阿里巴巴并不满意与滴滴分享这一胜利果实。为此，阿里巴巴拿出一份方案，希望对滴滴持有的 ofo 的股份进行回购，同时再取消戴威的一票否决权，提高自身在 ofo 的控制力。滴滴董事会看到滴滴要被边缘化后否决了这项决议。最终，ofo 通过抵押动产才从阿里巴巴融得资金，但金额从 10 亿美元缩水为 17.7 亿元人民币。

2018 年 4 月，美团收购摩拜已成定局。当时，ofo 的资金链问题凸显。摩拜被收购后，戴威的估值报价很快从 40 亿美元左右下调到 25 亿美元，2018 年 7 月再次降至 20 亿美元。在 ofo 中，各方冲突不断凸显，在涉及自身利益时，多个股东可以动用手中的一票否决权，阻止 ofo 重大决策的通过，导致公司运营陷入僵局。一票否决权这把双刃剑刺向了公司的投资人。

想一想：一票否决权在 ofo 的失败应用具有怎样的启示？在 ofo 各股东博弈的过程中，其他利益相关者、市场与法律可以发挥什么作用？

什么是外部治理

1. 公司治理的背景

公司治理始终是国内外学术界研究的热点问题。公司治理强调公司机构的组成、权利和运作机制。同时，公司治理需要一个良好的外部环境来保障公司治理条件。从根本上来说，实施公司治理是为了公司能够持续经营，并且实现公司成立的目的——盈利。但是在现代公司治理制度中，所有权与治理权相分离，即拥有公司所有权的股东不直接管理公司事务，而是将公司交给职业经理人管理。由于管理的公司并不是自己的财产，职业经理人可能产生机会主义行为，违背契约而为自己谋私利，导致"道德风险""逆向选择""搭便车"等现象，所有者的权利因此得不到有效保障。

2. 外部治理的概念

现实社会中存在两种公司治理机制，一是公司内部治理机制，即通常所说的公司法人治理结构，是指公司控制权在由出资者、董事会、经理和监事会组成的内部机构之间的分配达成的一套制度安排。其重点在于公司内部机构的分权制衡，保障公司安全高效运行。二是公司外部治理机制，是指公司为适应外部市场所做的公司治理的制度安排。公司的外部治理活动主要体现在资本市场、产品市场、劳动力市场、国家法律和社会舆论等方面。股东、债权人与公司主要通过资本市场连接，经营者、雇员和顾客与公司主要通过劳动力市场和产品市场相联系。政府对市场的部分替代和法律环境的约束也构成公司治理的重要外生变量。

公司治理的两种模式中，外部治理机制处于主动地位，而内部治理机制是以外部治理机制为基础的，它是外部治理的内生性制度安排。也就是说，公司内部治理必须适应外部机制，并有效地将外部和内部机制结合起来，才能更好地实现公司治理的目的。公司作为经济主体，通过构建内外结合的信息披露制度，提高信息供给质量；机构投资者聚集人才优势，不断增强自身获取信息、解读数据和评估价值的能力，有效发挥监督者职责；债权人作为资金的提供者，通过法律和契约来保障自身权益；媒体通过声誉机制和外部压力等路径，成为新兴资本市场中有效弥补法律保护不足的一项重要制度安排；审计师通过审计报告向利益相关者传递信息，能够有效缓解三类代理冲突，提高外部治理效力；资本市场、产品市场和法律环境是公司治理的外部保障，完善的市场环境和法律基础有助于建立统一开放和竞争有序的现代竞争体系。总之，外部治理机制与内部治理制度安排在功能上存在弥补、协同的作用，它们作为一个整体对公司经营绩效产生驱动作用。

信息披露如何发挥外部治理监督的作用

信息披露的含义

1. 信息披露的原因

信息披露随着西方公司制度的演进而起源、发展，如今已经成为非常重要的公司制度。从广义上讲，信息披露内生于自由市场经济制度。错误、虚假、滞后的信息及其传递会导致投资决策有误，资本低效配置于绩效不理想的项目，并且难以及时修正调整；而真实、准确、可靠的信息及其传递有助于信息使用者准确地对公司财务状况和业绩、经营活动、风险管理进行判断。因此，强制披露和鼓励选择性披露可以提高信息供给的真实可信程度，信息传递也将更加及时准确，这是市场经济运行的内在要求。

从公司治理的角度看，一方面，信息披露的要求、内容和质量主要由公司治理的基本框架决定；另一方面，有效的公司治理又依赖于信息披露的完善程度。实践证明，只有那些能够及时、完整、准确地向社会提供必要信息的公司，才能获得更多融资及其他发展机会。但由于信息不对称和代理问题等的影响，信息披露及传递具有固有局限性，构建内外结合的公司信息披露机制更具有现实意义。

2. 信息披露的概念和体系

信息披露主要指企业通过财务报表、财务报表附注以及审计报告等形式将企业财务状况和经营结果等信息真实及时地予以公开，由此市场上的投资者能够理性地判断其证券投资价值。而多数文献中所指的信息披露主要指上

市公司的信息披露，即狭义的信息披露。上市公司的信息披露是指上市公司
在发行和流通证券环节，依法将与其证券有关的一切真实可靠的信息在相应
的媒体上予以公开，以供利益相关者参考的行为。从基本理论来看，企业披
露必要的信息是由于信息在企业与利益相关者之间存在不对称，是企业对自
身合法性的回应，以及审计机构为了获取声誉资本的行为等。

信息披露制度，也称公示制度、公开披露制度，是上市公司为保障投
资者利益、接受社会公众的监督而依照法律规定必须将自身的财务变化、
经营状况等信息和资料向证券管理部门和证券交易所报告，并向社会公开
或公告，以使投资者充分了解情况的制度。信息披露制度既包括发行前的
披露，也包括上市后的持续信息公开，它主要由招股说明书制度、定期报
告制度和临时报告制度组成。

信息披露制度是资本市场规范运行的有效保证，我国有关监管部门制
定了一系列规范信息披露的法规文件，形成自上而下四个层次的上市公司
信息披露制度体系，如表 7-1 所示。

表 7-1 上市公司信息披露制度体系

第一层次	国家法律	《公司法》《中华人民共和国证券法》《中华人民共和国刑法修正案（六）》《中华人民共和国刑法修正案（七）》等
第二层次	行政法规	《股票发行与交易管理暂行条例》《证券发行与承销管理办法》等
第三层次	部门规章	《上市公司独立董事规则》《上市公司信息披露管理办法》《上市公司证券发行管理办法》《上市公司收购管理办法》《上市公司监管指引》《公开发行证券的公司信息披露内容与格式准则》《公开发行证券的公司信息披露编报规则》等
第四层次	自律性规则	《股票上市规则》《上市公司规范运作指引》《各个板块的规范运行指引》各板块信息披露备忘录、行业披露指引、直通业务指引等

信息披露的类型和质量

1. 信息披露的类型

布什曼（Bushman）和史密斯（Smith）（2003）指出，完善、有效的公司信息披露应当包括公共信息的披露、私有信息的披露以及信息的传递等三个方面，不仅关注信息披露和传递的数量，更要关注信息披露和传递的质量。以伯利（Berle）和米恩斯（Means）为代表的学者，直接将公司的信息披露更简洁地分为强制性信息披露和自愿性信息披露两大类。强制性信息披露是指市场监管部门通过信息披露制度明确规定上市公司必须进行的信息披露，如果不按规定披露，将给予处罚；强制性执行主要体现了市场的公平性，对信息的强制性披露有利于防止对与证券投资有关信息的不公平获取，遏制内幕交易的发生。自愿性信息披露是指市场监管部门没有明确规定，上市公司主动进行的信息披露，其内容和形式都具有多样性和不确定性，是对强制性信息披露的有益补充；上市公司进行自愿性信息披露的目的是维护或提升公司形象和投资者关系、回避可能存在的诉讼风险，或向市场传递公司潜在的投资价值，有助于降低公司在市场中的融资成本和提高公司证券的流动性，公司管理层亦可向委托人展现其治理公司的能力。

2. 信息披露的质量

学术界普遍认为在不暴露公司商业机密的前提下，信息披露应越多越好；同时，信息披露的质量对利益相关者和公司治理更为重要。通常，反映公司信息披露质量的指标有：①可靠性，披露的信息是否如实反映符合确认和计量要求的各项会计要素及其他相关信息，保证会计信息真实可靠，内容完整；②相关性，披露的信息是否与财务报告使用者的经济决策需要相关；③可理解性，披露的会计信息是否清晰明了，以便于使用者理解和利用；④可比性，披露的信息是否反映同一公司在不同时期发生的相同或相似的交易或事项，采用一致的会计政策，并确保会计信息口径一致、相互可比；⑤实质重于形式，披露的信息是否按照交易或事项的经济实质进行会计核算，而不是单单以其法律形式作为会计核算的依据。

此外，也有学者认为，就披露的会计信息的质量而言，以下三点同样重要。①重要性，即公司在会计核算过程中，对交易或事项是否区别其重要程度，采用不同的核算方式；对资产、负债、损益等有较大影响，并进而影响财务会计报告使用者据以作出合理判断的重要会计事项，是否按照规定的会计方法和程序进行处理，并在财务会计报告中予以充分、准确地披露；而对于次要的会计事项，是否进行了适当的简化处理。②谨慎性，公司在进行会计核算时，是否多计资产或收益、少计负债或费用。③及时性，公司的会计核算是否及时进行，而没有提前或延后。

概括地说，衡量公司信息披露质量的指标主要用于判断披露的信息是否真实可靠，是否及时和是否完整准确。

信息披露外部治理监督效力的影响因素

信息披露的根本目的在于降低公司内外部信息的不对称，帮助利益相关者作出正确的评价和决策。然而，现实中存在许多制约公司信息披露的因素，这些因素通过影响公司信息披露的成本和收益，对公司是否进行信息披露以及披露的程度产生作用。当信息披露的边际成本大于边际收益时，公司倾向于不披露信息；当信息披露的边际成本小于边际收益时，公司就愿意披露信息。

从公司内部来看，公司治理本身存在着制约信息披露的因素，如公司的股权结构、董事会特征与管理层特征等；从公司外部来看，法律法规是否健全、信息中介市场是否发达等都会对信息披露发挥的外部治理效果产生影响。

1. 股权结构

波尔塔等人认为，各国在信息披露方面的差异很大程度上可用该国股权结构的差异来解释。集中的股权结构可激励大股东减少管理层利用信息披露侵占外部股东的利益的可能；同时，如果股权过度集中，大股东就有动机利用自己的信息优势进行信息的选择性披露，并误导外部中小投资者。如果增加管理层或机构投资者的持股比例，则能激励他们更好地督促信息披露，但若管理层持股超过一定比例，则可能引发内部人控制，进而对信息进行操纵。此外，不同性质的股东对信息披露产生的影响不同。如果第一大股东是机构投资者，则他们偏好与短期收益相关的信息披露；而家族股东和法人股东一般对信息披露持消极态度。伊志宏等人发现国有产权的上市公司信息披露好于非国有产权公司；且在非国有产权公司中，随着大股东持股比例的增加，信息披露的质量显著提高，国有企业中则不存在这样的效应。

2. 董事会特征

作为公司治理核心的董事会具有监督信息披露的权利与义务，董事会治理水平直接关系到信息披露质量。目前学术界普遍认为，较大规模的董事会更容易发生财务报告的舞弊行为；独立董事或外部董事比例越高，信息披露被操纵的可能性就越低。此外，赖特研究了"影子董事"对信息披露的影响，发现"影子董事"与内部董事一样对信息披露有消极影响。我国学者张振新等人以深交所上市公司为样本，验证了董事持股对提高信息披露质量具有显著的正向作用，董事会治理在提高信息披露质量方面发挥了一定作用，但是作用有限。

3. 管理层特征

委托代理理论下，上市公司管理层普遍具有自利倾向，可能会对其信息披露质量产生负向影响。古尔和莱翁、王斌和梁欣欣（2008）、胡安等（2017）学者的实证结论表明，董事长与总经理由同一人担任会降低信息披露的质量，提高高管隐瞒不利信息的可能性。管理层权力越大，其越倾向于隐瞒已经存在的内部控制缺陷。

4. 法律法规的状态

有关信息披露的法律法规是否健全、是否被有效地执行，对公司的信息披露特别是强制性信息披露有着重要影响。健全的法律体系及其执行能够保证投资者合法权益的实现和证券市场的良性运行，有助于公司的信息披露；不健全的法律体系，则不利于公司的信息披露。此外，证券监管部门的政策和监管力度的大小，对公司的信息披露也有很大影响。

5. 信息中介机构

如果信息中介机构利用自己的专业技能对公司的财务报告信息进行整理和分析，则可以为投资者提供一定的信息服务。通常，信息中介机构通过分析公司的投资机会和管理能力，为投资者解决逆向选择问题；通过为监督、奖励和惩罚经理人提供信息，解决道德风险问题。

机构投资者如何发挥
外部治理监督的作用

机构投资者的含义和类型

1. 机构投资者的含义

机构投资者是一种特殊的金融机构，为了特定目标，它将小投资者的储蓄集中在一起管理，并在可接受的风险范围和规定时间内，追求投资收益最大化。自 20 世纪 80 年代开始，伴随法律法规对机构投资者投资行为限制的放宽，机构投资者种类不断增多、规模不断膨胀，美英等国机构投资者的大规模持股使上市公司的股权结构出现了由分散向集中的发展趋势，机构投资者也越来越倾向于积极地直接监督被投资公司的行为。

借鉴国际市场机构投资者的发展经验和制度安排，证监会在清理整顿"老基金"的基础上，提出"超常规发展机构投资者"的举措以改善资本市场的投资者结构。从此，我国机构投资者得到了迅猛的发展。尽管我国机构投资者与国外的机构投资者存在很大的制度化差异，但是随着我国股权分置改革已经完成、资本市场迅速发展，机构投资者不断壮大，在外部监督、改善上市公司治理、促进资本市场发展上发挥越来越重要的作用。

2. 机构投资者的类型

由于各国历史及制度环境的不同，机构投资者的范畴存在差异，如美国机构投资者主要包括养老基金、共同基金、保险公司、投资基金以及由银行和基金会管理的基金等，而英国机构投资者则包括保险公司、养老基金、指数基金和信托投资公司等。不同机构投资者的投资偏好和投资理念可能存在差异，因此，学术界对机构投资者的类型进行了划分。

关于机构投资者类型的划分标准主要基于美国市场机构投资者的研究，主要如下。

第一，布里克利等人根据机构投资者是否与被投资公司存在现有的或潜在的商业关系，将其划分为压力抵制型机构投资者和压力敏感型机构投资者两种类型。前者是那些与上市公司只存在投资关系的机构投资者，其着眼于长期投资回报，致力于监督管理层，进而获得治理收益；后者是那些对公司业务存在依赖关系或者说同时存在投资及商业关系的机构投资者，其通常不想破坏自身与被投资公司之间的商业关系，进而往往采取中庸或支持公司管理层决策的态度。

第二，布什采用交易频率和投资组合多元化程度两个指标度量机构投资者过去的投资行为，将机构投资者划分为偏好多样化的投资和频繁的变动投资组合的短期型机构投资者，其一般会采用买好卖坏的投资战略；偏好均衡投资、不轻易变动投资组合的长期型机构投资者，其一般注重关系投资、能够提供长期稳定的投资量；偏好多样化投资，但相对不轻易变动投资组合的准指数型机构投资者，其一般会消极地、在更大范围内实施投资战略。

第三，阿尔马桑等人根据监督成本的不同，将机构投资者划分为潜在的积极的机构投资者和潜在的消极的机构投资者两种类型。独立的投资咨询公司和投资公司属于前者，信托银行和保险公司则属于后者。吉兰和斯塔克斯认为积极的机构投资者不仅包括在公司的控制权不改变的情况下，积极改善公司管理和运营的机构投资者，还包括通过买卖公司的股份来显示对公司重视的机构投资者和采取接管或杠杆收购的方式来达到改善上市公司治理的机构投资者。

第四，曾有研学者根据机构投资者持股时间和持股比例，对机构投资者进行了分类。他们认为只有独立的、持股比例高的，并进行长期投资的机构投资者才能对公司实施监督；而短期的、持股比例较低的，以及不独立的机构投资者则不会对被投资公司实施监督。

第五，布什等人根据机构投资者是否偏好公司治理机制较完善的公司，将其划分为治理敏感型机构投资者和治理不敏感型机构投资者。治理敏感型机构投资者倾向于选择治理机制较完善的公司进行投资；而对于治理不敏感型机构投资者来说，公司治理机制的完善程度并不是其投资和交易决策的重要决定因素。

机构投资者的优势

与一般投资者相比，机构投资者在公司治理中占据优势，主要表现在以下三个方面。

第一，机构投资者通常是由具有较高水平的专业人士组成的，他们拥有更多的信息、人才优势、资源优势和丰富的经验，并且有动力去搜集和处理信息。机构投资者既可以通过上市公司公布的财务报表、市场调研、行业研究等外部渠道了解上市公司的财务状况和经营成果，也可以与管理层和董事会进行直接沟通，从而具有更强的信息解读和公司价值评估能力。因此，其比一般投资者具有更明显的信息优势和更强的获利能力。

第二，随着机构投资者持股比重的上升，如果其大量抛售股票很可能会带来股票市场异动，所以传统的"用脚投票"的成本会有所增加，机构投资者通常选择长期投资策略，通过监督公司经营管理来获得收益。随着法律对恶意收购行为的禁止，公司治理已经从传统的"市场支撑模式"演变到"政治支撑模式"。因此，机构投资者更有动机与能力参与公司治理。

第三，机构投资者用别人的钱进行投资，由此产生的法律信托责任使其有义务监督被投资公司并采取行动防止价值损失。当持有的股份达到一定比例时，机构投资者具有一般投资者所不具备的规模经济效应，能够避免大股东内部控制的局面，如果对管理层的行为不满，机构投资者可以投反对票来制止。机构投资者能够保持外部独立性，一方面解决了小股东治理激励不足的问题，另一方面又可以避免大股东内部控制的缺陷。当单个机构投资者所持的公司股份比例相对较低时，机构投资者之间也可以通过多种合作机制来提高监督、治理的效率。

其他利益相关者如何发挥外部治理监督的作用：债权人、媒体和审计师

利益相关者治理是企业外部治理的内容之一，企业的主要利益相关者包括投资者、债权人、消费者、供应商、政府、媒体、审计师等。其中，能对公司治理产生显著影响的利益相关者除了投资者之外，债权人、媒体和审计师也能发挥重要的外部治理监督作用。

债权人与外部治理

1. 债权人参与治理的途径

在公司的框架下，债权人作为资金的提供者通过法律和契约来保障自身权益并承担相应的责任，从而也成为公司治理重要的参与者。目前国外学者普遍承认债权发挥外部治理监督作用的有效性。从詹森提出"债务治理假说"以来，许多学者都在理论和实证中证实了债权治理的有效性。

债权人对借款企业公司治理实施监督的方法主要有以下四种。第一，贷款控制。债权人通过同意或拒绝放贷或通过变更信贷条款，用信贷手段对企业施加影响。这种影响的大小主要取决于债务人其他可供选择的融资来源，而影响力的质量又在很大程度上取决于债权人的信贷决策程序。第二，信贷合同。债权人可以通过法律或信贷合同对借款人施加影响，法律或合同通常赋予债权人获取债务人的信息、对债务人进行审计、要求债务人预付款和否决债务人某些战略决策等权利，这些权利有些应用于正常的

业务过程，有些则应用于对债权人信贷的使用或可能导致财务风险增大的发展事项。而且，债权人还可以通过非正式的方式对债务人施加影响，如要求债务人在作出主要决策时必须与其协商，要求债务人邀请其参加股东大会，要求债务人任命其为董事会成员或派遣人员到债务人公司工作等。如果债权人间缺乏竞争或非债务融资渠道不畅而导致公司没有其他可供选择的融资渠道，那么债务人很可能会接受这些附加条件。第三，破产。债权人可用来对债务人施加影响的一个强有力的工具是债务人违约时债权人具有特殊的权利，即如果债务人不能偿还贷款或违反信贷合同的条款，债权人可以通过法院采取行动，如取消债务人对抵押品的赎回权、清算或对债务人进行重组；债权人甚至可以通过债权转股权或接受债务人资产而成为债务人新的所有者。但是这些权利的有效性主要取决于立法和司法制度。第四，证券投资。如果债权人直接或通过附属机构对债务人进行投资或买卖债务人公司证券，那么债权人也可以对债务人的公司治理进行控制。此外如银行等债权人作为大型的具有较强信息分析与处理能力的机构投资者，对债务人证券的买入和抛出等行为具有更为明显的溢出效应，由此增加了债权人对债务人的直接影响。

2. 债权人的类型

随着公司制度和金融制度的不断完善，现实中出现了不同类型的债权人，其与债务人构成不同的契约关系，并以不同的方式参与债务人公司治理。债权按种类可以分为银行贷款、企业债券、商业信用，按照期限长短分为长期债权和短期债权。不同的债权对应不同的债权人，不同的债权类型对企业的影响是不一样的。商业信用的治理作用显著，但银行贷款、企业债券的治理作用不明显；短期债权的治理作用显著，而长期债权不明显。当货币政策较为紧缩时，商业信用、短期债权治理效果会得到增强。短期债权由于借款期限短，企业面临的还款压力大，因此会受到较大的资金约束，这可以显著抑制企业的委托代理行为。商业信用在经济欠发达的国家中，对融资渠道狭窄的私营企业的意义尤为重要。在我国，银行对企业来说始终扮演着大贷款人的角色，而且相较企业债券和商业信用，银行贷款是与政治关联十分紧密的一种融资方式，在很大程度上给企业造成了"软约束"的影响。

媒体与外部治理

1. 媒体参与公司治理的途径

随着信息化浪潮的不断推进和互联网的日益普及，媒体力量的崛起已成为重要的社会现象，媒体的监督作用能够有效减少各种代理问题。

媒体对公司治理实施外部监督的途径主要有以下三种。

第一，声誉机制。戴蒙德作出阐述，当外部信息使用者越了解管理者时，公司治理效果越好。当管理者的行为与自身声誉挂钩时，管理者往往会使自身看起来更出色，然后不断改进自身行为以提高自己的声誉。迪克和津加莱斯进一步研究了声誉机制发挥作用的条件，发现当媒体报道导致经理人声誉受损的成本加上法律惩罚成本大于经理人从不法行为获得的利益时，声誉机制才会发挥作用。我国学者研究发现，负面报道发挥的积极作用来自声誉机制，媒体负面报道能引起公众的批评，经理人为了维护自身声誉，会注重提升绩效，弥补声誉损失。现有文献表明，大部分学者认为媒体可以很好地通过声誉机制发挥公司治理作用。

第二，行政介入机制。由于社会和经济环境的不同，声誉机制的治理作用在有些国家是受限的。此时需要行政的介入，以实现媒体的治理效果。李培功和沈艺峰、醋卫华和李培功的研究认为，信息揭露功能是媒体显著的功能，媒体报道可以引起上级关注，并促使相关机构介入调查事件，并责令违规公司改正。从李焰和王琳的研究看，声誉受损成本越高，其声誉主体纠错的动机越大，且受损成本最终会从公司转移到监管部门，从而发挥行政介入治理公司的效果。

第三，市场压力机制。媒体对公司的关注会使管理者迫于舆论等压力，而进一步完善公司治理或改正公司不良行为。于忠泊等人认为，媒体关注的影响可以通过股价的波动来反映，进而促使管理层加强公司管理，向市场反映公司未来绩效可期的信号。也有学者提出，相比于其他监督机制，市场压力机制会使公司进行盈余管理的动机更大。莫冬燕通过实证检验发现，媒体关注与公司盈余管理正相关，公司迫于压力会进行有损长期发展的盈余管理，且媒体正面报道相比负面报道对公司的压力更大。

2. 媒体参与公司治理的两面性

然而以上文献都是建立在媒体报道的无偏性假设之上的，忽略了媒体作为传播中介的可信程度。如果媒体报道不公允，媒体的公司治理作用将受到影响。媒体报道偏差可以进一步细分。第一，迎合公众偏好带来的偏差。传统意义下，媒体多用来解决信息不对称问题，但随着行业竞争压力的增大，多种新兴媒体如微信、微博等崛起，公众对媒体的需求更加偏向于娱乐性，媒体为了追求利润，报道内容会主动迎合公众偏好。延森甚至认为，媒体报道从本质上说，不过是娱乐的另一种形式。科尔等人通过研究 1994 年至 2002 年 1 100 多份关于 CEO 薪酬的报道，发现媒体会对 CEO 的超额薪酬进行负面报道，也倾向于评述行权多的 CEO，但这些并没有对公司治理产生影响，而只是迎合了高薪酬的热点话题。第二，媒体关联。媒体在利益的驱使下可能会产生寻租行为，由此与公司产生合作进行不实报道。有研究者认为，为了处理好公司与投资者之间的关系，公司往往会聘用公共关系专家，以减少媒体对公司的不良报道。公司也会通过增加广告投入来取得在媒体报道中的话语权。在资本市场中，许多媒体公司都是上市公司旗下的子公司，饶育蕾等人从这一角度出发，研究发现有媒体关联的上市公司比没有媒体关联的公司得到了更多的正面新闻报道，且随后公司的价值会得到提升，这再次表明上市公司存在通过媒体关联谋求有偏性媒体报告的动机。

审计师与外部治理

审计作为一种独立的外部监督活动，从广义上来看，它是上市公司内部治理的一个至关重要的组成部分。审计报告是体现独立审计鉴证职能的重要渠道，其可向利益相关者传递相关的信息由此审计可以实现缓解三类代理冲突的目的，提高外部治理效力。

1. 股东与管理层之间的第一类代理问题

受托责任理论认为，审计因受托责任的产生而产生，并伴随着受托责任的发展而发展。当受托责任关系确立后，客观上就存在授权委托人对受托人实行监督的需要。外部审计以独立于公司管理层的第三方受托责任关系来鉴定和评价公司的经济状况，由此改善第一类代理问题。尽管外部审计作为一种监督机制，能降低股东与管理者之间的代理成本，但是公司花费在外部审计上的支出从本质上来说也是一种代理成本。公司愿意选择独立审计提高公司外部治理绩效的原因在于，外部审计通常能够高效地抑制其他代理成本的产生。另外，审计师的行业专业性和技术优势能够帮助改善内部审计缺陷，并且提高公司的财务质量和对外报告水平。

2. 大股东与小股东之间的第二类代理问题

代理成本理论说明，在某种意义上，现金股利正向激励了公司大股东的"掏空"行为，加大了"壕沟效应"，从而激化了大股东与小股东之间的利益冲突。因此，仅靠公司内部的激励政策并不能缓解公司大股东与小股东之间的代理问题。公司董事会聘请独立的第三方外部审计机构产生的审计费用会在计算税后净利润前加以扣除。因此，无论对于公司的大股东还是小股东而言，即便聘请外部审计机构会影响自身的投资收益，但审计费用能在各股东之间合理分摊，同时外部审计机构的独立性保证了审计人员不受公司大股东的影响，能有效解决公司大股东与小股东由于监督成本引发的冲突。外部审计机构的规模、声誉是公司聘请外部审计机构时所考虑的关键性因素，现有研究证实，在投资者保护越弱的国家中，大股东与小股东之间的代理问题越严重，公司越有可能聘请国际知名会计师事务所进行外部审计工作。此外，有学者研究发现，外部审计机构签发的标准无保留审计意见能够降低公司 2.83% 至 14.69% 资产侵占程度，而非无保留审计意见的签发则会向市场给出警示信号。非无保留审计意见签发的次数会随着大股东侵占公司资产的程度上升而增加，由此可见，审计师能够缓解第二类代理问题。

3. 股东与债权人之间的代理问题

外部审计为债权人提供的信息，能在一定程度上解决公司内外信息不对称的情况，帮助债权人了解公司股东和管理层行为，形成有效的监督，降低债务融资不确定性造成的股东与债权人之间的代理问题。Datar 等（1991）认为，外部审计之所以具有信号价值，是因为审计结果能够在一定程度上将高质量与低质量的公司进行区分，警示低质量的公司加强公司的内部治理。当上市公司聘请的会计师事务所质量越高、名声越好，公司IPO 时就能获得更高的股票议价。从公司的角度来说，为了获得更低的利息和更宽松的债务契约，公司也愿意聘请高质量的外部审计。Pittman 和Fortin（2004）发现，知名会计师事务所的审计报告更容易受到债务人和债权人双方的认同，促使双方达成一致，减少信息摩擦造成的两者之间的代理冲突。

市场与法律如何发挥外部治理监督的作用：资本市场、产品市场和法律环境

资本市场与外部治理

资本市场降低了出资者对公司经理人的监督成本。公司股票的市场价格提供了公司管理效率的信息，经理人努力工作为股东赚取更多的利润，用良好的经营业绩来维持股票价格，出资者观察股价可获得公司经营的信息，因此降低了出资者获取公司经营信息、评价经理人经营业绩的成本。经理人市场对经理人的评价也往往参照资本市场上公司股票的表现。因此，资本市场主要通过以下三方面发挥外部治理作用。

1. 价格发现

在有效市场中，价格向市场参与者传递信息。证券市场将分散的信息加总，股票价格反映公司经营状况，投资者只要知道股票价格，即可能掌握影响公司经营的相关要素。信息披露制度保证信息公开的及时、准确和完备，而公司从长期融资的角度考虑，也不愿以虚假信息来欺骗投资者。公司公开信息，促进信息的传播，使信息尽快地融入价格中。此外，投资者的投资回报与投资者获得的信息量与准确度高度正相关，投资者出于自身的利益考虑，会监督公司提供信息，收集有关信息。资本市场的价格发现机制降低了投资者的信息成本，投资者只要观察股价就可得到市场参与者对公司经营前景与企业家才能的估价，从而降低了投资者对公司经理人的监督成本。

2. 外部接管

在资本市场对公司业绩及企业家才能正确定价的基础上，外部接管以主动形式根据资本市场的评价结果，介入公司经营和控制，任免企业家甚至改组公司。外部接管可以在一定程度上代替股东对管理者的监控，而且在其他公司治理机制不起作用的情况下，外部接管仍能发挥作用。外部接管的有效性很大程度上依赖资本市场的有效性，如果操纵与炒作使得股票价格高于其本身的价值，外部接管就很难发生。

3. 提供流动性

资本市场提供流动性，降低了交易成本。股票具有不可偿还性，投资者认购股票之后不能退股，而投资者自身对资金的需求状况不断改变，虽然作为出资者整体无法从股份公司中退出，但单个投资者可以通过资本市场转让所持的股份。如果没有流动性，投资者将被迫持有股票至到期日或清算日，这也使得公司要付给投资者更高的回报作为丧失流动性的补偿。因此，资本市场可通过提供流动性发挥外部治理作用。

产品市场与外部治理

产品市场通过降低信息不对称性，增强对经理人的激励来提高企业效率。产品市场主要通过以下三方面发挥外部治理作用。

1. 经理人激励补偿

将经理人管理公司的绩效与同行业的其他企业进行比较，可以过滤掉行业风险因素的影响。如果以相关绩效来确定企业经理人的报酬，那么企业的道德风险问题就会随着产品市场竞争程度的提高而减轻，经理人的努力水平和企业的绩效就会提高。

2. 资本结构

特尔塞指出，由于资本市场是不完善的，因此在产品市场上，相对于在位企业而言，新进入企业的资本结构较为脆弱。在这种情况下，资金充足的企业就可以采用掠夺性定价战略以降低新进入企业的利润甚至将其驱逐出市场。而弗得伯格和蒂罗尔使用掠夺性定价理论发现，企业与资金提供者之间的代理问题导致了融资约束，这种约束的存在为产品市场的竞争对手提供了进行掠夺性定价的激励，并且债务水平的提高会降低企业进一步得到资金的概率，从而降低其产品市场策略的进攻性。

3. 创新激励

理论上，产品市场的创新激励作用对公司治理的影响主要来自竞争的内部性，即当企业存在委托代理关系时，市场竞争会降低代理问题的负面影响，使企业创新更积极地促进企业效率的提高。有学者扩展了经理人激励框架，发现当所有者为经理人设计一个非利润最大化目标时，与所有者利润最大化目标相比，经理人将更加注重减少成本方面的研发活动，并且有较高的产出。

法律环境与外部治理

法律，从狭义上讲是指一国的法律体系，从广义上讲是指有着共同特征或者共同传统的不同国家的法律体系所组成的法律总和，或者称为法系。法律环境是公司治理系统中的重要元素之一，对公司的治理必然涉及法律。

如果从公司的不完全契约性质来看法律和公司治理之间的关系，一方面，法律能够确保缔约双方写入契约的可证实的条款的实施，即一旦出现了契约中所规定的某种情形，双方当事人就会按照契约中的要求去行动，他们的行为是受到法律限制的；另一方面，之所以需要对公司进行治理，是因为还有很多不可观察或不可证实的状态不可能写入契约，也就无法通过法律明确契约双方在这些状态下的行为，所以需要各种治理机制来弥补不完全契约所留下的空白，缓解和消除由契约不完全所导致的各种问题。通常情况下，这些治理机制不但与法律是互补的，而且离不开法律的强制力量，这种强制力量使得威胁成为可置信的。所以，从更宽泛的角度看，法律保护也是一种重要的公司治理机制。

从世界范围来看，公司治理结构有两种典型的模式：一种是以英国和美国为代表的普通法系的治理结构，也被称为"分散的所有权模型"；另一种是以日本和德国为代表的大陆法系的治理结构，也被称为"集中的所有权模型"。不同治理结构的形成有其不同的历史、法律等方面的原因，与各国的宏观环境（包括法律体系、金融结构、文化传统等）相适应。可以说，各个法律体系与特定的公司治理模式是相对应的。

对 ofo 案例的解答

随着以 ofo 为代表的共享单车行业的繁华落尽，市场和公众对共享单车的探讨逐渐回归理性。一票否决权从广义上来讲属于公司治理的范畴，在 ofo 中拥有一票否决权的权利人有戴威、滴滴、阿里巴巴、经纬和金沙江创投，数量远超于常规，导致 ofo 在面临并购等重大事项时因各方推诿导致发展受阻。一票否决权在 ofo 的失败应用具有启示意义，具体如下。

一票否决权的启示

当创业者面对投资机构要求其授予一票否决权时，适当妥协是必要的，但一定要慎而又慎。

首先，必须考虑股东间的相互关系。如果各方股东是不存在直接利益冲突的和谐方，那授予一票否决权的后续风险会小很多。在 ofo 中，股东背景复杂，阿里巴巴和腾讯的商业版图和战略布局存在一定冲突，因此需尽量避免授予股东一票否决权。

其次，必须考虑股东入股的核心诉求。理想情况是被授予一票否决权的股东抱着和创始人共同做大做强公司、获取更多财务投资价值的愿望。在 ofo 的股东中，滴滴是产业投资者，除了获取财务回报之外，更抱有战略意图，换句话说，其往往会考虑自身的商业规划而选择牺牲 ofo 的未来发展；同时，经纬等是财务投资者，要求单一，更关注财务回报。

最后，遵循适时、适度、适当的原则，授予股东一票否决权。不要普遍授予股东一票否决权，可以尽量让多个股东共享一票否决权，让其相互制约，从而限制一票否决权被任意单个股东肆意使用而出现类似于 ofo 股权僵局的风险。

一票否决权的本质是规则约束，旨在减少信息不对称，防止公司股东的利益被其他个体所侵犯。从这个角度看，一票否决权如果利用得当，会成为一种良好的制度约束，督促创业者更加理性地决策，对公司稳健发展有利。ofo 的失败，一定程度上在于没有在授予一票否决权时充分考虑。

其他利益相关者、市场与法律的作用

除了股东内部由于一票否决权引发的矛盾外，债权人等其他利益相关者、市场与法律发挥的作用依然值得关注。

1. 债权人的作用

在债权人方面，截至 2009 年年末从上游供应商，再到下游产业链，粗略估计 ofo 还有 31.5 亿至 47.5 亿元巨额欠款尚未偿还。如对于债权人阿里巴巴，ofo 创始人戴威通过动产抵押的方式，先后两次将公司共享单车作为质押物，换取阿里巴巴共计 17.7 亿元借款。

除了股东，ofo 欠上游自行车厂商、物流公司、配件公司等超过 3 亿元。ofo 对百世物流、德邦物流、云鸟物流、嘉里大通这 4 家物流公司的欠款分别为 1 400 多万元、不超过 1 000 万元、1.1 亿元、811.19 万元；对吴通控股、移远通信、超力电机这 3 家配件公司的欠款分别为 807.82 万元、603.33 万元、2799.33 万元。在企查查上，ofo 共有 561 条法律诉讼，涉及股权冻结、裁判文书、开庭公告、失信被执行人、被执行人信息等。而且，ofo 名下已经没有可以被执行的财产了。

相比欠股东和供应商的钱，ofo 更为外界所熟知的是欠用户的钱。ofo 遭遇资金难题后，排队等候退押金的用户数量就高企不下。排队人数最高时超过 1 600 万人，日均退押金人数约 3 500 人，以每人 99 元或 199 元押金计算，待退押金规模为 15.84 亿至 31.84 亿元。

根据金融契约理论，债权人对公司息税前收益享有固定要求权，即按照债务契约要求债务人偿付固定金额的利息；而当企业的盈利不能支付债权人的利息费用时，债权人主要通过破产程序或重组手段取得公司控制权。在 ofo 案例中，由于存在阿里巴巴这样兼具股东和债权人身份的投资者，一定程度上会削弱债权人的公司治理作用，导致债务融资的硬约束效果不明显，债权人通过监督干预约束管理层机会主义行为的可能性随之下降。由于 ofo 未能偿还欠款，多方供应商通过法律维护自己的权益，向法院提出资产保全的申请，冻结 ofo 在银行的账户存款。中国执行信息公开网显示，截至 2019 年年末 ofo 的运营主体"东峡大通（北京）管理咨询有限公司"被法院列为被执行人的信息多达 183 条，涉及北京、上海、天津、厦门等地区法院，金额从数万元到数千万元不等。此外，其被列为失信被执行人的次数多达 26 次，全部未执行。

对于债权人来说，债权人保护法律体系中的破产威胁是债权人进行外部治理的重要渠道，破产法的设计和执法力度对债权人的外部治理有重要影响。按照目前 ofo 资产负债情况，一旦 ofo 破产，则投资人的投资将彻底打水漂，因此投资人是最不愿意看到 ofo 破产的，投资人会尽最大努力帮 ofo 寻找新的投资解决债务危机，之后寻找机会套现离场。而对于供应商而言，上海凤凰等供应商也不愿意把 ofo 逼入绝境，因为一旦 ofo 破产，供应商对其的应收账款也基本上很难收回，所以供应商通常也希望 ofo 能够尽快解决债务问题，运营重归正轨，恢复盈利能力。

2. 用户的作用

而对于用户来说，从 2018 年年底戴威被纳入失信人名单开始，ofo 债台高筑的直观结果已经预告了用户无法及时收回押金。倘若 ofo 不能妥善解决用户押金退还问题，不排除下一步有部分用户联合起来对 ofo 发起集体诉讼，届时一旦集体诉讼的用户数量达到一定规模，则相应的追讨押金也有可能升级为数额巨大的级别，则用户集体在有关 ofo 破产审理案件中的话语权将得到强化，ofo 走破产流程的风险将进一步放大。

2017 年，《关于鼓励和规范互联网租赁自行车发展的指导意见》发布，其中明确写道："企业对用户收取押金、预付资金的，应严格区分企业自有资金和用户押金、预付资金，在企业注册地开立用户押金、预付资金专用账户，实施专款专用，接受交通、金融等主管部门监管，防控用户资金风险。"但很显然，ofo 未对押金进行托管，并自行支配了押金，这成为之后一系列问题的源头。

案例分析与讨论：瑞华会计师事务所之殇

1. 金玉其外，败絮其中

2013年5月31日上午，在第二届京交会"会计服务板块"活动中，杨剑涛代表瑞华会计师事务所（以下简称"瑞华"）宣布事务所正式成立。瑞华由国富浩华与中瑞岳华两家会计师事务所合并而成，有望顺利登上"国内第一所"位置，甚至有望超越安永华明、毕马威华振两家国际大所，而仅位于普华永道中天与德勤华永之后。

依据中国注册会计师协会2012年7月发布的《2012年会计师事务所综合评价前百家信息》，瑞华2012年年度业务收入28亿元，拥有9 000多名员工，2 600名注册会计师，334名合伙人。正是依靠合并而成的业务收入与注册会计师人数的优势，瑞华有望登顶"国内第一所"，但其综合评价质量指标排名将依然难有超越，具有大而不强的短板。瑞华合并之路如图7-1所示。

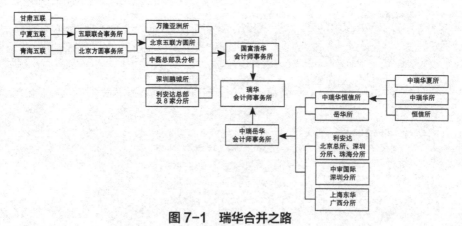

图7-1　瑞华合并之路

为了快速增加收入、扩大事务所的规模，瑞华采用了管理总部加业务分部的管理模式。但是，这种模式在有效激励地方分所的同时也带来了巨大的隐患——各分所为增加业务量，放松对客户的审查和对注册会计师的规范约束。更为重要的是，各分所被处罚后，名誉受损严重的还是总所。此外，总所也缺少统一的会计师招聘与培训流程，各分所、各项目组之间审计质量参差不齐，甚至在一些分所中存在不少缺乏专业胜任能力和职业道德低下的审计人员，审计质量难以得到保证。

2. 多次涉事财务造假，最终黯淡离场

瑞华多次陷入上市公司财务舞弊事件，根据证监会发布的处罚情况来看，瑞华在短短 7 年间受到了 23 起处罚，2016 年后，证监会对瑞华审计失败的惩罚数量急剧上升。如此密集的违规事件导致瑞华在 2017 年 2 月 22 日收到来自证监会的处罚决定，瑞华因在执行审计业务过程中未能勤勉尽责而被证监会要求暂停承接新的证券业务。2017 年 3 月，证监会认定瑞华在为振隆特产提供的 2012 年、2013 年、2014 年年度 IPO 财务报表审计过程中，未能保证审计独立性，存在虚假记录，被处以相关业务收入的 2 倍罚款。2018 年，瑞华在审计华泽钴镍时未履职尽责，被处以相关业务收入的 3 倍罚款。2019 年 5 月，在审计重大重组案件的中安科时，瑞华被投资者告上法庭，此案件为我国首例中介机构承担连带赔偿责任的案件。2019 年 7 月，瑞华在审计康得新事件中审计失败被证监会要求暂停相关业务。康得新事件正式立案处罚后，瑞华遭遇前所未有的业务危机，甚至跌出百大事务所行列。同月，瑞华的另一客户辅仁药业由于未按照原有规定方案派发现金红利，引起上交所关注，被立案调查，后发现辅仁药业账上仍存在 18 亿元的现金未被兑现，并且存在违规担保等重大恶劣行为，瑞华作为出具标准无保留审计意见的年报会计师事务所，再次遭遇立案调查。

康得新事件后，"立案即停"制度中止了瑞华的 IPO、增发股票和可转换债券业务。2019 年 10 月，总计有 190 位合伙人在当时召开的瑞华合伙人大会上提出离开瑞华。2018 年，瑞华的年报审计客户还有 343 家，而到 2019 年年底，瑞华的客户中仅剩 82 家上市公司，而截至 2020 年 3 月

1日，这一数字已锐减为35家。2021年3月30日，随着北大荒发布公告宣布变更会计师事务所，瑞华客户名单里则没有了上市公司的踪影。而截至2022年12月，据天眼查数据，瑞华40家分所中，已有38家处于注销状态。

　　问题讨论1：瑞华选择不断合并的原因有哪些？

　　问题讨论2：瑞华之殇对于审计师发挥外部治理作用有什么启示？

扫码即可查看
本章问题讨论答案

公司治理新问题：解决
新问题有何新思路

一个案例引起的思考：科创板制度创新

1. 注册制改革的发展

2013 年，中央文件中明确指出要"推进股票发行注册制改革"，但囿于我国资本市场尚未成熟的客观事实，此项改革迟迟未落地。直至 2019 年 1 月，证监会正式提出在上海证券交易所设立科创板并试点注册制，科创板的制度创新打响了第一炮。截至 2022 年 9 月 30 日，科创板上市企业数量增至 473 家，总市值达到 5.94 万亿元。

注册制要求上市主体依法将与证券发行有关的一切信息和资料公开，并送交主管机构审查，注册制与核准制的差异在于，在注册制下主管机构仅对注册文件进行形式审查，不进行实质判断，上市主体需要真实、准确、完整地披露公司信息，其证券价值交由市场自主判断。反观在核准制下，监管层预先插手，替投资者把关公司质量。

2. 注册制改革的作用

自 2019 年 6 月 13 日科创板正式开板以来，打破常规、重点服务于创新性、高科技和新兴技术产业的科创板已然推进了一系列制度革新，其中具有代表性的一项革新便是允许公司对表决权进行差异化安排，即同股不同权。同股不同权，又称为"双层股权结构"或"牛卡计划"，将公司股票区分为 A 类普通股与 B 类普通股。A 类普通股与 B 类普通股的基本权利一致，但在持有主体、表决权以及转换权上具有明显差异。

① A 类普通股通常被外围投资者持有，而 B 类普通股往往掌握在公司核心管理层手中。

②Ｂ类普通股拥有高于一般普通股的表决权，即拥有特别表决权，而Ａ类普通股的表决权不高于一般普通股。

③Ｂ类普通股一经转让，可以转化为Ａ类普通股，但此过程不可逆。

对于科创公司而言，公司在高速发展时期难以仅仅依托银行贷款，需要借助多轮股权融资，但同股同权的模式会导致公司创始人的持股比例逐步稀释，最终甚至丧失经营决策权。而同股不同权可以有效保障创始人团队对公司的实际控制权，保证公司可持续发展，因此可以认为允许同股不同权是助力科创公司顺利上市的有力推手。

想一想：你认为允许同股不同权公司上市是否合理？可能会导致什么问题？

公司治理新问题是什么

新经济时代公司治理对创始人企业家精神的迫切需求

1. 原有股权结构存在缺陷

新经济时代，随着资本的加入，原创始人团队持有的股份不断被稀释，虽然公司日益发展壮大，但创始人在公司的话语权却逐步缩水，最终卷入资本恶战，不幸被淘汰出局。

2. 公司创始人被逼出局的窘境

此处以汽车之家为例，具体分析创始人为何出局。2005 年，李想因不满当时粗放的汽车商服务，萌生了搭建更优质的汽车服务平台的想法，并于当年 6 月创立了汽车之家。2007 年，汽车之家网站日均浏览量突破千万，月度流量遥遥领先，助推汽车之家爆发式增长的又一关键人物——秦致也于同年 7 月加入公司的管理层。2008 年，在秦致的加入和李想对用户的洞察中，汽车之家营业收入增至 790 万元，增速迅猛。同年，汽车之家借鉴搜房网在海外的成功上市经验，将目光投向了口碑良好的大资本——澳洲电讯，开启了赴美上市之路。2008 年 6 月，澳洲电讯用 5 亿元人民币收购了汽车之家 55% 的股份，并为其提供高水准的管理协助，尊重创始人的经营管理意愿。2013 年，汽车之家如愿在纽交所上市，澳洲电讯的持股比例也一路攀升至 70%。2016 年，汽车之家已经成长为全球访问量排名靠前的汽车专业类服务网站，营收达到 35 亿元人民币。与如此傲人成绩同时出现的是李想和秦致的离开。澳洲电讯以 16 亿美元出售汽车之家 47.7% 的股权给平安信托，平安信托入场便对原管理层进行改革。秦致带领原管理团队试图将公司紧急私有化以自我保全，但最终未果。

2008 年的 5 亿元投资，既是汽车之家蓬勃发展步入上市之路的开始，也是创始人被资本裹挟最终被逼出局的开端。民营企业家究竟应当如何创业？创始人团队的努力究竟如何才能得到维护？不引入资本，企业难以经营发展，引入资本，可能"引狼入室"，资本迷局如何破解？传统的公司治理问题又会演变成什么样的新问题呢？下文将进行具体论述。

新经济时代公司治理的新问题

1. 公司治理新中心

（1）经理人与股东权益

伯利和米恩斯在书中正式提出经理人与股东权益冲突的经典治理问题，詹森和麦克林基于此将委托代理理论应用到经理人与股东权益冲突的问题分析中，自此，"股权至上，以经理人为中心"的传统公司治理模式的相关研究开始萌芽。而传统公司治理模式也一直沿用至今，"股东中心主义"成为资本市场的铁律。

但随着互联网时代的到来和新经济的发展，"股权至上，以经理人为中心"的传统公司治理模式对新时代公司治理的适用性遭到学者质疑。张维迎教授提出在传统的公司治理框架下，企业的问题主要体现为股东与经理人的利益冲突问题，其理论支撑在于委托代理理论，因此要解决该问题就需要设计激励机制和约束机制解决经理人的道德风险。而这种认知塑造了以金钱为导向的职业经理人，严重地遏制了企业家精神，约束了企业家的创造力和主观能动性。

（2）企业家精神

一直以来，我们都强调企业要以实现股东价值最大化为目标，股东任用有能力的管理层对企业进行管理经营。因此我们都惯于在模型中一致假定企业的目标是利润最大化，这意味着企业上下，无论基层、中层、高层，事实上都是受雇于股东、一心赚钱的不同等级的"打工人"。而企业家往往并非视利润为最终目标，他们的动机可能在于：①建立自己的商业王国，实现自己的一腔抱负；②征服竞争对手，在企业家竞争中拔得头筹；③热爱发明创造，从创造中获得成就感。换言之，投资者与经理人的冲突或许表现为利益上的冲突，但投资者与企业家的冲突往往体现为认知上的冲突。企业家精神的本质就在于企业家具有与他人对未来形势不同的预测，但是这种预测能力因为大部分人包括股东不具有，所以冲突非常明显。

尤其是在新经济时代，企业之间的竞争已经从简单的价格战、性价比战、产能战上升到了壁垒战、创新技术战、高质量人才战。专业性和高精尖的重要程度逐步凸显，创新资本的地位空前提高，创新科技业务的快速发展使得一般的投资者无法理解业务模式，从而进一步激化投资者与企业家的认知冲突。传统的公司治理过分强调对经理人的约束机制，把经理人和企业家混为一谈，优秀的公司治理应当适度为企业家解绑，将企业家精神最大限度地发挥出来。应该从以经理人为中心逐步转变为以企业家为中心，平衡好现代股份公司专业化分工带来的效率提升及所有权和经营权分离衍生出来的代理冲突问题，打造新经济时代公司治理新模式。

2. 公司治理新矛盾

为弘扬企业家精神，贯彻落实建设世界一流企业的目标，构造以企业家为中心的公司治理，需要进一步强化创始人对公司的实际控制权。融资难是民营企业普遍面临的共性问题。一些知名民营企业艰难获取融资后，在与资本方合作过程中屡屡发生冲突，甚至双方因争夺控制权而激烈博弈，由此深陷企业控制权困局。

（1）争夺控制权的动因

所谓资本方与企业家屡屡发生冲突，其原因似乎并没有那么简单，对于外部投资者与创始人争夺控制权的根本原因，学术界有以下说法。其一，在委托代理理论框架下，委托人（外部投资人）与代理人（创始人）存在明显的信息不对称，掌握控制权的一方具有信息优势，故在两者出现利益不一致时，他们会为了实现自身的利益目标进行控制权的争夺。其二，控制权能带来其他非控股方不能同等享受到的控制权收益，而这种收益与企业正常生产经营活动获取的收益不同，故控制权收益的争夺也会带来控制权的争夺。其三，创始人对公司的占有心态会使其产生对外部资本流入的应激反应，会激化创始人与外部投资者参与公司日常经营管理决策的矛盾，使二者之间爆发信任危机和利益冲突，引起控制权的争夺。其四，外部投资者出于拓展产业链、借壳上市等目的，有动机侵入公司内部争夺创始人的控制权。

综合以上观点，外部投资者与创始人争夺控制权的直接动因与潜在动因众多，外部资本流入为创始人持续掌握实际控制权埋下隐患。但企业要发展，资金是重要基础，尤其是对于新经济时代下的高投入科技创新企业而言，没有巨额的研发投入和资本注入，就难以产出高质量的科技产品，就难以维持企业的竞争优势。

（2）外部资本侵入的不可避免

技术创新既是高收益活动，也是高风险活动。创新投入不局限于技术的研究开发阶段，还可能延伸到推广应用阶段。而投入能否顺利实现价值补偿受到许多不确定因素的影响，包括技术本身的不确定性和来自社会和市场的不确定性，不确定性隐患可能使技术创新的投入付诸东流。同时，技术创新还必须具有先进性，只有具有先进性的技术创新才能使创新者占领竞争的制高点，赢得竞争的胜利。而先进性又需要与适应性、可行性相结合。新经济时代，企业的生产经营环境处于不断变化之中，人们的消费观念由数量型过渡为质量型；知识产权对技术创新成果的保护更加有效，技术贸易壁垒也更趋坚实；新技术不断涌现，技术生命周期不断缩短。在这种环境下，企业不进行技术创新就会灭亡。

技术创新的高风险、先进性与频繁迭代，对资金投入提出更为严苛的要求。为避免因技术研发失败导致企业深陷财务困境的情况，企业应当留存充足的现金及现金等价物。并且，企业需要配备高质量人才和高精尖硬件设备，在技术创新的整个动态过程中持续提供资金支持。换言之，企业在研发基础环节需要投入大量资金引进人才与设施，在研发预算筹措环节需要备有大量的风险准备金和项目启动金，在技术研发过程中需要持续不断地注入流动资金。

因此，企业不可避免地会面临外部资本的大量流入，保障创始人的实际控制权只能从公司治理的机制入手，设计保护创始人控制权的股权结构。

如何解决公司治理新问题

控制权向创始人倾斜的必要性

　　为什么近二十年在高科技企业中出现明显的投票权配置权重向创业团队倾斜的趋势呢？

1. 互联网技术快速发展带来信息不对称

　　以互联网技术为标志的第四次工业革命浪潮带来的信息不对称体现在许多方面。例如，技术产生的不确定性使得不同投资者之间的观点变得比以往更加不一致，以至于认为股价虚高的股东很容易将所持有的股票转手给认为股价依然有上升空间的潜在投资者，使得现有股东与潜在投资者之间的利益冲突严重；由于互联网时代专业化分工的深入，一些从事其他专业的外部投资者缺乏专业的会计知识和财务报表分析能力，因此不得不转而依赖引领业务模式创新的专业创业团队。

　　随着外部投资者对现金流来源识别和业务模式创新的信息不对称程度的加剧，投融资双方围绕外部融资的逆向选择问题出现了：一方面，希望获得外部资金支持来加速独特业务模式发展的创业团队由于无法说清楚现金流从何而来，总是被人怀疑是骗子，很难获得外部融资；而另一方面，资金实力强的外部投资者则很难找到具有潜在投资价值的项目。

　　因此，互联网时代对创新导向的企业权力重新配置提出迫切需要。一方面，新的公司治理模式能够向资本市场发出明确的信号，破解逆向选择难题，以寻求外部资金的支持；另一方面，新的公司治理模式能够有效避免不明就里的外部投资者过度干预，把围绕业务模式创新的专业决策权交给专业的创业团队，让"专业的人办专业的事"。

2. 高科技企业易被"野蛮人入侵"

技术密集型的高科技企业物质资本权重低，公司估值波动大，很容易在资本市场上成为被接管对象，因此需要建立有效防范"野蛮人入侵"的制度，以鼓励创业团队人力资本的持续投入。如果不对"野蛮人入侵"设置足够高的门槛，挫伤的也许不仅仅是创业团队人力资本的投入，还会伤及整个社会的创新氛围和创新文化。

在资本市场为"野蛮人"设置门槛的理论和实践意义就像在研发领域设立保护和鼓励创新的专利制度一样。同股不同权的股权结构成为在互联网时代保护和鼓励人力资本投入的一种"资本市场上的专利制度"。

概括而言，投票权配置权重向创业团队倾斜具有以下四方面的作用。

第一，通过同股不同权的股权设计，创业团队向外部投资者发出了对业务模式创新充满信心的信号，帮助投资者识别和选择潜在投资对象，解决互联网时代信息不对称加剧所导致的逆向选择问题。

第二，通过同股不同权的股权结构设计，以往存在代理冲突的股东与经理人实现了从短期雇佣合约向长期合伙合约的转化。同股不同权的股权结构实质上实现了创业团队与外部投资者从短期雇佣合约到长期合伙合约的转化，由此在二者之间建立了合作共赢的长期合伙关系。

第三，通过同股不同权的股权结构设计，股东和经理人二者之间的专业化分工进一步加深，实现公司管理效率的提升。

第四，同股不同权的股权结构设计，为创业团队防范"野蛮人入侵"设置了重要门槛，有利于鼓励创业团队围绕业务模式创新进行更多人力资本投资。

我们看到，在上百年的发展历程中饱受质疑和批评的同股不同权结构，正是由于迎合了第四次工业革命对创新导向的企业权威重新配置的内在需要，而重新获得了理论界和实务界的认同。

如何解决公司治理新问题的具体机制设计

1. 有限合伙人制度

（1）不同组织形式的企业对比

为体现有限合伙人制度在公司治理新问题解决上的优越性，表 8-1 将有限责任公司、有限合伙企业与股份有限公司进行对比。

表 8-1　不同组织形式的企业对比

项目	有限责任公司	有限合伙企业	股份有限公司
成立基础	公司章程	合伙协议	公司章程
控制权	同股同权； 按出资比例通过股东大会表决	普通合伙人：执行事务，对外代表企业； 有限合伙人：不执行事务，不对外代表企业，有监督权、知情权和分红权	同股同权； 按股份比例通过股东大会表决
收益分配	按出资比例分配	按照合伙协议约定分配	按股份比例分配
风险承担	以出资为限承担有限责任	普通合伙人：无限责任； 有限合伙人：有限责任	以股份为限承担有限责任
股份转让	其他出资人有优先购买权	按照协议约定	股份可自由转让

在有限合伙企业中，普通合伙人以其特殊身份拥有对合伙企业的控制权，且该控制权与出资比例、持股比例均无直接关系，可以有效地保障创始人对企业的实际控制权。虽然普通合伙人既可以是自然人，也可以是法人，但在实践中往往以公司法人作为普通合伙人。究其原因，普通合伙人对合伙企业债务承担无限连带责任，其风险远高于以出资为限或以股份为限承担有限责任的风险，故创始人会利用公司法人的有限责任机制来规避无限连带责任。

（2）有限合伙股权结构

此处所称有限合伙人制度，具体指以合伙企业法、公司法和公司章程为依据，在目标公司之上，搭建有限合伙股权结构，以有限合伙企业作为一级控股主体，以有限合伙企业的普通合伙人（GP 公司）作为二级控股主体，以创始人作为三级控股主体，用很少的资金，通过普通合伙人、有限合伙企业两层结构，实现对目标公司的控制。相关的股权结构如图 8-1 所示。

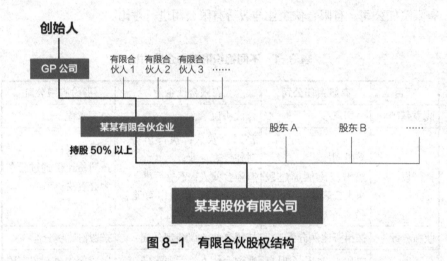

图 8-1　有限合伙股权结构

2014 年，蚂蚁金服正式成立，其股权结构（见图 8-2）具有有限合伙的典型特征。马云 100% 控制杭州云铂投资咨询有限公司，将其作为 GP 公司直接控制杭州君洁股权投资合伙企业、杭州君济股权投资合伙企业、杭州君瀚股权投资合伙企业、杭州君澳股权投资合伙企业 4 家有限合伙企业，并以合并股份 76.43% 掌握浙江蚂蚁小微金融服务集团股份有限公司（即蚂蚁金服）的实际控制权。虽然马云在杭州君瀚股权投资合伙企业、杭州君澳股权投资合伙企业的出资比例仅为 0.48% 和 0.05%，但这丝毫不影响其对蚂蚁金服的控制，以小资金撬动大资产，把牢对公司的实际控制权。

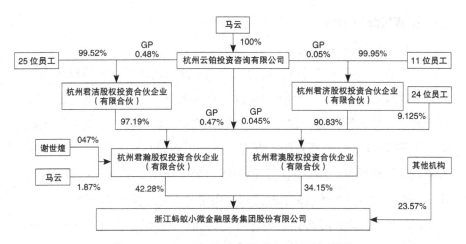

图 8-2　2014 年蚂蚁金服成立时的股权结构

2019 年 12 月 2 日晚，轰动一时的格力电器股权转让事件迎来结局，经珠海明骏与格力电器管理层进一步协商，管理层实体格臻投资当日与珠海明骏及相关主体签署了协议。格臻投资通过受让珠海毓秀的股权、受让珠海贤盈的有限合伙份额、认缴珠海明骏的有限合伙份额，分别在珠海毓秀、珠海贤盈、珠海明骏享有相应的权益，并与珠海博韬达成有关珠海明骏份额的转让协议。自此，珠海毓秀的股权比例变更为珠海高瓴 38%、HH Mansion11%、Pearl Brilliance10% 和格臻投资 41%。董明珠作为格臻投资的实际控制人，在有限控制框架下掌握了珠海明骏的实际控制权。珠海明骏的股权结构如图 8-3 所示。

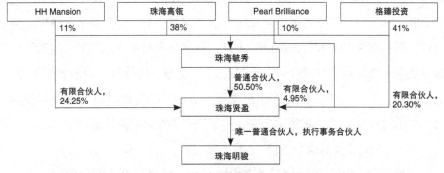

图 8-3　珠海明骏的股权结构

2. 双层股权结构

（1）双层股权结构的实践

双层股权结构是在科技创新企业之间不断兴起的同股不同权结构。优势在于通过双层股权结构的制度安排，创业企业一方面可以通过出让股权对接利用外部资源，另一方面通过两极分化的投票权设计，实现创业者对企业实行有效控制，也可以防止恶意收购，进而可助企业专注于长期目标。劣势在于某种程度上违背现代公司的股东治理结构，不利于保障外部股东利益，表现为容易导致独裁、缺乏来自市场与其他经营团队的鞭策。

Facebook 在上市前共发行了 1.17 亿股 A 级股和 17.59 亿股 B 级股（上市时使用了投票权 1∶10 的 AB 股模式）。马克·扎克伯格持有 5.34 亿股 B 级股，占总数的 28.46%，然而这个比例并不能确保扎克伯格的绝对控制权。因此 Facebook 的双层股权结构中还存在表决权代理协议（Voting Agreement），前十轮融资中的所有投资者都需要同 Facebook 签订这份表决权代理协议，同意在某些特定的需要股东投票的场合授权扎克伯格代表他们进行表决，且这项协议在 IPO 完成后仍然具有效力。这部分代理投票权为 30.5%，加上扎克伯格本人所拥有的 28.46% 的 B 级股，扎克伯格总计拥有 58.96% 的投票权，具有对公司的绝对控制权。

小米分设了 A、B 类股，A 类股每股 10 票表决权，B 类股每股 1 票表决权，但极少数与保留事项有关的决议案除外。上市时雷军持有小米总股份的 31.41%，总裁林斌持有 13.32%，其他投资者合计持有 21.34%，其中只有雷军和林斌两人拥有 A 类股。在双层股权结构下，雷军的表决权比例约为 53.79%，林斌的表决权比例约为 29.67%，小米的创始人团队和公司管理层拥有对公司的实际控制权。2020 年 11 月，林斌将所持的 18 亿股 A 类股转化为 B 类股。转化后，林斌仅持有 4.66 亿股 A 类股，所持 B 类股增加至 19.33 亿股。而雷军仍持有 42.27 亿股 A 类股和 24.43 亿股 B 类股。在控制权层面，林斌的表决权被稀释为 10.22%，雷军的表决权大幅提升至 69.24%。

（2）双层股权结构的争议

双层股权结构广泛运用于加拿大、丹麦、瑞士、意大利、德国、墨西哥、巴西等国家。关于同股不同权机制的争议在全球广泛存在，这也是双层股权结构在发展和推广中遭遇的滞碍。

资本市场对其的担忧体现在以下四方面。其一，创始人团队的判断力可能无法匹配公司的长期最佳利益。因为市场环境处于不断的变化之中，创始人团队的知识、技能、商业敏感度等不一定长期适合公司的各阶段发展需要。其二，可能会提高公司的代理成本。特别表决权显著提高了两权分离度，已出现了创始人为谋取私利而损害其他股东权益的情况。其三，可能降低内部监督机制的效率。在双层股权结构的制度设计中，权力向拥有特别表决权的股东倾斜，原本的"一股一权"结构预设的公司分权制衡监督机制失去了效用，公司内部监督机制的有效性面临严峻挑战。其四，可能降低市场资源配置效率。并购是资本市场整合资源的手段，而双层股权结构显著降低了外部收购的效率，影响了市场自我调节的有效性。这四个缺陷都是双层股权结构在全球范围内进一步普及所需要解决的难题，也是我国资本市场推行双层股权结构的过程中需要直面的问题。

3. 投票权委托协议和一致行动人协议

（1）投票权委托协议

投票权委托协议，指通过协议约定某些股东将其投票权委托给其他特定股东行使，其目的是实现创始人对公司的有效管理。《公司法》关于股份有限公司的特别规定："股东可以委托代理人出席股东大会会议，代理人应当向公司提交股东授权委托书，并在授权范围内行使表决权。"因此，股份有限公司创始人只要基于严谨设置的投票权委托协议，就能合理地将其他股东的投票权为他所用。但委托控制与其他控制模式相比，控制力度相对较弱，一般将它作为其他控制模式的补充与配合，很少单独使用。

京东发行上市前，有 11 个投资人（DST、红杉资本、中东投资人、高瓴资本、腾讯等）将其投票权委托给刘强东行使。刘强东持股比例虽只有 18.8%（不含代持的 4.3% 激励股权），却掌控了京东过半数（51.2%）的投票权。

在阿里巴巴上市前，马云的持股比例为 8.8%，管理层总计持股

14.6%；软银持股 34%；雅虎持股 22%。马云等与软银和雅虎通过投票权委托协议约定，马云等取得软银（其中超出 30% 的部分）和雅虎（最多 1.2 亿股）委托投票权，从而实现在阿里巴巴上市前，软银和雅虎总计投票权不超过 49.9% 的最终目的。

（2）一致行动人协议

一致行动人协议即通过协议约定，某些股东就特定事项采取一致行动。一致行动体现为一致行动人同意在其作为公司股东期间，在行使提案权、表决权等股东权利时作出相同的意思表示。一致行动人协议的实质是把表决权委托给公司控制人行使，方便公司股权被稀释时，加大创始人的投票权权重。一致行动人协议在国内外上市公司中都很常见。国内上市公司如博云新材、网宿科技、海兰信等，国外上市公司如 Facebook 等，创始人均通过一致行动人协议加强对公司的控制。这种控制模式下，各一致行动人，表决权分别独立行使，而不是委托给实际控制人代为行使，这是与委托投票权不同的地方。

但值得注意的是，一致行动人协议的控制力更弱，甚至弱于投票权委托协议的效力，因为尽管有一致行动人协议，但也不是每次都能意见一致。如果发生意见分歧，对最终以谁的意见为准又没有明确约定，那么，原实际控制人还能不能控制公司将成为一个问题。比如，一致行动人协议约定意见不一致时，最终以持股最多的股东意见为准。后来，第二大股东通过受让其他股东股权，持股比例超过原实际控制人，成了一致行动人协议中拥有最终决定权的人，原实际控制人由此失去对公司的控制。

4. 修改公司章程

（1）分期分级董事会条款

公司章程作为设立公司的必备文件，是调整公司内部组织关系和经营行为的自治规则，是公司治理的根本纲领，体现股东对公司发展规划与自身利益分配的长期性安排。但实践中存在部分公司草率制定公司章程，忽视公司章程的重要性，不通过公司章程来反映股东特殊意志的情况，从而为控制权争夺埋下隐患。

为预防潜在收购者或诈骗者争夺创始人的实际控制权，公司可以设置董事会轮选制（即分期分级董事会条款）、超级多数条款等。

分期分级董事会条款，也称为交错选举董事条款和部分董事轮选制条款，具体指将董事会分成若干组，规定每一组有不同任期，以使每年都有一组董事任期届满，每年也只有任期届满的董事被改选。这意味着，收购人即使拥有公司多数股份，也只能在较长时间后才能完全控制董事会。

（2）修改公司章程在我国的实践

自国有企业深化改革以来，我国企业并购事件时有发生，并逐渐出现了恶意并购的风气。部分公司非但不专注于自己的经营管理，还觊觎别人的经营成果，试图越过标的公司管理层争夺该公司的控制权，再利用控制权转移公司的优质资产，变卖资产，牟取暴利。后文以伊利的反并购事件作为案例进行说明。

伊利是我国乳制品行业第一家 A 股上市公司，也是我国产业线较全、业务规模很大的乳制品企业，连续多年在"全球乳业 20 强"榜单中排名亚洲第一。从伊利 2013—2016 年的财务表现与行业地位来看，伊利盈利能力强，现金流充裕，各项资产状况都非常良好，是市值被低估的优质蓝筹股，很容易成为二级市场上机构投资者的追逐目标。并且，伊利前十大股东合计持股 30.74%，仅有两名股东持股比例超过 5%，伊利的股权结构属于高度分散的股权结构。

伊利兼具股权分散和优质蓝筹股的特点，很容易成为"野蛮人入侵"的对象。2015 年第四季度，阳光保险大幅买入伊利股票，一跃成为伊利前五大股东之一。2016 年下半年，阳光保险通过旗下阳光人寿和阳光产险两家公司累计收购伊利约 3.03 亿股，直逼 5% 的"举牌线"。

伊利对阳光保险的增持行为早已有所警觉，在 2016 年 8 月 9 日，迅速召集相关部门，拟定了关于修改公司章程、股东大会和董事会议事规则的议案，围绕"反并购"的主题拟对公司章程等进行重大修改。例如，增加了"关于更换及提名董事会、监事会成员以及修改公司章程的提案，需连续两年以上单独或合计持有公司 15% 以上股份的股东才有权提出提案"

的"驱鲨剂"条款，以及包括"执行董事的更换不得超出全体执行董事的三分之一""在连续 12 个月内，选举或更换董事只能进行一次"等在内的"金色降落伞"条款。伊利充分借鉴了西方常用的反收购措施，意图建立起自身的反收购防御体系。

（3）修改公司章程的问题和应对策略

源自欧美法律制度的反收购措施，无法保证其在中国法律框架下的适用性和可行性，不仅可能遭到监管部门的反对，还有可能被股东、收购人等起诉。伊利也在修改公司章程次日收到上海证券交易所发布的《关于对内蒙古伊利实业集团股份有限公司修改公司章程事项的问询函》，因为相关条款与当时的证券法规存在出入，伊利也只好作罢。

2016 年 9 月 18 日晚，伊利发布股东权益变动公告称，阳光保险集团股份有限公司于 9 月 14 日通过旗下阳光产险和阳光人寿共增持伊利超过 5% 的股份，由此触发"举牌"。这拉响了伊利管理层的反收购警报，次日伊利紧急停牌，宣称正在筹划重组或定增事项。10 月 21 日，伊利连续发布了包括《非公开发行股票预案》和《股票期权与限制性股票激励计划（草案）》在内的 16 篇公告，宣布将收购国内有机奶龙头企业中国圣牧公司 37% 的股权。发行完成之后，伊利的股权结构会发生相应变化。持有 5% 以上股份的股东只剩下呼和浩特投资有限责任公司和香港中央结算有限公司两个，持有的股份分别约为 8.02% 和 6.26%。而阳光保险的持股比例则被稀释至 4.56%，不再构成对伊利的"举牌"威胁。

总之，在新经济时代，企业创始人为谋求企业发展不可避免地会大量引入外部资本，造成潜在的外部投资者与创始人争夺控制权的威胁。为保障创始人对企业的实际控制权，保证企业的可持续发展，需要创新公司治理模式，引入新的公司治理机制，包括但不限于前述的有限合伙人制度、双层股权结构、投票权委托协议和一致行动人协议，以及修改公司章程。只有在完善的公司治理机制下，创新资本才能稳定输出，有条不紊地引导物质资本流向资源配置最优的地方，实现募集资金的高效利用，而后进一步推动企业发展，以更加从容的姿态迎接下一轮外部资金的涌入。

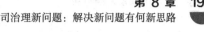
《证券法》如何促进
公司治理新问题的解决

《中华人民共和国证券法》（以下简称《证券法》）于 2019 年 12 月 28 日修订表决通过，于 2020 年 3 月 1 日正式实施，此次修订系统地总结了我国证券市场多年以来的改革发展、监管执法、风险防控的实践经验，基于我国证券市场的运行规律及阶段性发展特点，作出了一系列的制度革新。一方面，全面推行注册制改革，分步实施证券发行注册制。另一方面，显著提高证券违法违规成本，加大处罚力度。比如，对于欺诈发行行为，将原来最高处以募集资金百分之五的罚款，修订为最高处以募集资金一倍的罚款；对于上市公司信息披露违法行为，将原来最高处以六十万元罚款，修订为最高处以一千万元罚款。

总之，修订后的《证券法》增加了资本市场的多样性与包容性，同时也加大了对上市主体和证券服务机构的监管力度，对资本市场的乱象加以约束，推动了我国资本市场的良性发展。

注册制有利于解决上市融资问题

1. 企业上市融资步伐加快

注册制的全面推行，意味着我国对科创板试点成效的认可及对资本市场自我调节的信任。在注册制下，企业上市从实质性审查转为形式性审查，证监会仅审查上市主体是否履行信息披露义务，信息的准确性和完整性由上市主体及其承销商负责，投资价值由投资者自行评判。此作用机制放宽了证券发行限制，激发了证券市场的活力，加快了我国企业上市融资的步伐。

此处列举了 2015—2022 年 A 股年度上市公司的数量（数据来源于上交所与深交所披露的统计数据，2022 年的数据统计至当年 11 月 22 日），如表 8-2 所示。2015—2019 年 A 股上市公司数量平均每年达到 232 家，2017 年与 2018 年的异常波动系我国资本市场 IPO 审核标准的变化，而推行注册制改革之后，即 2020 年至 2022 年，可以明显看出 A 股上市公司数量大幅增加。

表 8-2   2015—2022 年 A 股年度上市的公司数量

	2015 年	2016 年	2017 年	2018 年	2019 年	2020 年	2021 年	2022 年
公司数量／家	213	225	433	99	191	376	455	312

与此同时，证券市场落实"简政放权、放管结合、优化服务"的要求，取消相关行政许可，有利于进一步简化原行政审核流程，提高资本市场要素的配置效率，助力注册制改革的全面推行。2020 年 7 月 30 日，证监会在年中工作会议中明确强调要践行"不干预"理念，减少管制，构建资本市场良好的可预期机制。"放管服"始终围绕"使市场在资源配置中起决定性作用和更好发挥政府作用"的目标展开，"放管服"在证券发行方面的成效表现在：放松了企业上市的各种行政许可，降低了企业上市门槛，提高了市场调节股价的主导权，实现了资本市场监管责任后置，将监管的重心转移到信息披露透明度方面。

2. 我国资本市场国际化进程加快

修订后的《证券法》首次将存托凭证纳入法定证券，加快了我国资本市场国际化进程。存托凭证最先出现在英美，市场容量极大，筹资能力强，其发行上市的手续简单，发行成本低。存托凭证对于跨境上市的公司而言是极为优质的选择，因此存托凭证也得以实现快速渗透与发展。如今存托凭证得到官方的正式认证，进一步推动我国资本市场与境外市场的交流合作，扩充投融资渠道，促进我国资本市场监管水平的提升，提高国际知名度。同时，这也为优质的红筹企业提供更多回归境内资本市场的机会，拔高我国上市企业的整体质量和治理水平。

总之，修订后的《证券法》显著弱化对证券发行的限制，减少对证券发行的管束，扩大法定证券的范围，持续激活资本市场功能。

允许同股不同权有利于维持创始人的控制权

随着《证券法》的修订实施与注册制的落地，我国资本市场关于同股不同权的制度规则正在不断完善，越来越多的同股不同权的科创企业奔赴境内上市。

同股不同权的诞生是为了保护公司创始人对公司的控制权。以科创板上市的九号公司为例，虽然九号公司创始人高禄峰和王野合计持股比例为28.65%，但他们通过 5 倍的投票权享有公司 66.75% 的表决权。创始人高禄峰和王野对公司经营管理拥有完全的决定权。同股不同权结构之所以兴起，正是因为其在维持创始人控制权方面具有天然的优势：一方面可以避免控制权的稀释，另一方面能够保护创始人控制权不被恶意剥夺。

总之，修订后的《证券法》准允"同股不同权"的特殊股权结构存在，拓展了科创公司的融资空间与激发了其融资潜能，也凸显了创新资本在公司治理中的重要性，维护了创始人的控制权。

《证券法》对资本市场的监管加强

《证券法》作为证券领域的基本法，是维护资本市场平稳运行的基本法则，也是约束各市场主体行为的核心规范。证监会始终坚持以人民为中心的发展思想，始终把投资者摆在突出的位置，没有投资者对市场的信任和信心，就没有资本市场的健康发展和兴旺发达，因此保护投资者合法权益是资本市场永恒的主题。修订后的《证券法》增设专章规定投资者保护制度，确立专门的投资者保护机构，提出了适应我国国情的创新证券民事诉讼制度，彰显中国特色。特别规定了投资者保护机构可以作为诉讼代表人，按照"明示退出、默示加入"的诉讼原则，依法为受害投资者提起民事损害赔偿协议，解决中小投资者在诉讼过程中维权难度高、信息闭塞、起诉金额小等难题。

同时，为了进一步加强投资者保护，修订后的《证券法》另设专章细化信息披露要求，并加大违法违规行为的处罚力度。加强对上市公司信息披露质量的监管，强化董监高的责任，对违反信息披露原则的行为和未充分履行信息披露义务的上市公司进行处罚。提高了证券违法犯罪的成本，大幅提升处罚金额上限，违法者不仅会受到行政处罚，还会视情节轻重承担相应的民事责任、信用责任乃至刑事责任。明确要求加强行政执法与刑事司法衔接，要求公安机关加大对证券违法犯罪行为的打击力度，对证券违法违规行为形成有效震慑。

强化中介机构的"看门人"责任，追究中介机构的连带责任，敦促中介机构对上市公司违法违规行为的防范工作，加强风险管控。在实际中，部分中介机构优化工作底稿电子化管理系统，组织专题普法培训，同时加强质控和内核工作，例如，要求项目保荐代表人及其他项目组成员务必深入一线进行尽职调查。在"零容忍"要求下，证券执法司法体制持续完善，立体追责体系的成效日益显现。仅在修订后的《证券法》实施的当年，就有百余家中介机构及其营业部被合计处罚两百余次。

总之，修订后的《证券法》以严字当头，秉持"强监管，零容忍"的态度，进一步优化资本市场运作秩序，强调投资者保护的核心地位，严厉打击上市公司违法犯罪行径，完善我国资本市场法治体系。

对科创板制度创新案例的解答

合理性分析

1. 法律层面的合理性

优先股与同股不同权结构中的特殊股份类似，都在一定程度上违背了一股一权的原则，与《公司法》的规定产生冲突，但优先股在 2014 年以特殊类股份的身份在我国合法推行。这意味着《公司法》实际上为特殊股份的设置预留了一定的合法空间，暗示了同股不同权结构在我国的顺利实现存在较大可能。

此外，针对国有企业改制的问题，《国务院关于国有企业发展混合所有制经济的意见》指出"国有资本参股非国有企业或国有企业引入非国有资本时，允许将部分国有资产转为优先股。在少数特定领域探索建立国家特殊管理股制度"。其中，特殊管理股制度的设计包括一股多权制，即每股享有若干表决权，其目的在于牵制国外的股票持有人对本国产业的支配权，一股多权制在形式上与同股不同权结构的设计相似。这大大提高了我国同股不同权结构走进市场的可能性。

证监会于 2019 年 4 月对存在特别表决权股份的上市公司如何在公司章程中规定相关事项作出了明确具体的规定。而且随着注册制的实施，上交所、深交所分别于 2019 年 3 月、2020 年 6 月发布的《上海证券交易所科创板股票上市规则》《深圳证券交易所创业板股票上市规则》均有关于表决权差异安排的具体规定。

2. 目标层面的合理性

学术领域研究同股不同权结构，防止恶意收购是提出较早而又被广泛接受的假说。迪安基洛和莱斯、贾雷尔和鲍尔森、莱恩等，以及莫耶等人都指出，同股不同权结构（或称双层股权结构）是防止恶意收购的有效屏障。冈珀斯、石井和迈特里克实证发现恶意收购对美国双层股权公司几乎无能为力。

同时，学术界还存在着公司的长远发展假说，即同股不同权结构有利于公司的长远发展。切马诺尔等人指出，同股不同权结构可以使公司高层关注公司长期目标而不必因短期效益波动而过度分心。冈珀斯、石井和迈特里克研究表明，同股不同权公司的创始人更加关注公司的持续健康发展。

不止如此，个人满足感假说也对同股不同权结构的合理性加以力证。冈珀斯认为同股不同权公司的创始人之所以选择此股权结构并非完全从经济利益方面考虑，还出于对经济利益之外的满足感的考虑。尤其是对于非常富有的创始人而言，制定公司的长期策略和保有对某种商业品牌的持续认可所带来的个人满足感远大于可能导致的经济损失。

采用同股不同权结构的动因既包括经济动因，也包括非经济动因。防止恶意收购和谋求公司的长远发展可以划归为经济动因，而获得个人满足感则属于非经济动因。

综上所述，我国允许同股不同权公司上市的目的存在合理性。

3. 实施层面的合理性

同股不同权结构的应用需要有效的内外部监督机制加以配合，而我国已经基本搭建起了一套完整的内外部监督机制。

在内部监督的维度，我国已经建立以监事会和独立董事为核心的内部监督机制。股东大会下设董事会和监事会，监事会负责监督管理层决策的制定和落地，形成公司内部权力的监督机制。另外，独立董事的入驻也为完善上市公司治理结构和加强公司专业化运作添砖加瓦，与监事会一同履行监督职责。

在外部监督的维度，行政监督、法律监督、外部投资者的监督以及证券行业协会的行业监督都是外部监督的重要组成部分。其中行政监督最为严格，重要程度也最高。目前我国已经针对上市公司信息披露建立起专章制度，制定了严谨完善的法律、部门规章及企业上市准则。

问题分析

1. 监管风险突出

目前关于拥有超级表决权的股东的身份及比例规定尚不完善，致使政府监管部门的监管基础比较薄弱。同时，同股不同权公司的准入和退出机制尚不明确，一是准入机制中企业类型限制的合理性和市值门槛限制的效果值得商榷，二是退出机制的缺乏增加了被套牢的风险。

囿于信息不对称的存在，外部投资者在同股不同权公司处于相对弱势地位：在投资决策中，外部投资者难以判断同股不同权公司的业绩提升信号；在经营管理中，外部投资者只能依赖企业家的诚信和实力；在利润分配中，外部投资者所获收益取决于企业家创造价值的剩余。

2. 内部监督效力弱

鉴于同股不同权的设计，少数股东可以凭借很少的投入不成比例地取得公司的多数表决权，导致公司分权制衡监督机制失去平衡，公司内部监督机制的有效性面临严峻挑战。

3. 创始人的能力具有不确定性

因为市场环境处于不断的变化之中，创始人团队的知识、技能、商业敏感度等不一定长期适合公司的各阶段发展需要，随着时间的推移，公司的市场价值及创新能力存在下滑风险。

杰克逊及其同事曾针对"永续的双层股权结构是否合理"这一问题展开对 157 家同股不同权上市公司的研究，发现同股不同权结构对上市公司的价值在不断下降。克雷默斯等人都发现在公司上市 6~8 年后，同股不同权公司的市场表现将会弱于单一股权结构公司。

另外，创始人团队为公司带来的潜在价值会随时间推移而减少，并且从特定角度看，创始人控制公司的时间越长，产生的经营管理风险越大，甚至会给公司带来额外负担。萨姆纳·雷德斯通曾控股同股不同权的Viacom公司，2016年他虽无法长期在公司露面，但仍然不愿放弃对公司的控制，导致公司市值一度受到重创。

对于科技创新公司而言，同股不同权结构会使创新能力随时间推移而出现下降的风险。这类公司的专利产出、研发效率等往往和创始人的经营战略相关，但公司一经上市，创始人通常会调整经营战略以期保持公司的经营状况而非继续激进经营和拓展创新。

4. 资源配置效率降低

并购是资本市场整合资源的手段，而同股不同权结构显著降低了并购的效率，影响了市场自我调节的有效性。在同股不同权结构下，创始人为坚守和巩固对公司的控制，会积极部署反敌意收购行动，降低被并购的可能。并且随着时间的推移，同股不同权公司的反敌意收购成本攀升。

一是同股不同权公司上市后，创始人为规避资产风险和扩大融资将减少持股比例，导致表决权减少，进而减弱公司的反敌意收购能力。二是公司成熟之后，与供应商、客户及战略伙伴的合作关系带来的红利减少，相关市场的其他竞争对手可能乘虚而入，敌意收购的威胁扩大。在以上两点的共同作用下，同股不同权公司花费在反敌意收购上的资源将被迫增加，降低公司内部的资源配置效率。

因此，同股不同权结构既影响市场的资源配置效率，也影响公司内部的资源配置效率。

案例分析与讨论：中国第一家同股不同权上市公司

1. 中国云计算第一股的上市之路

2011 年，三个跃跃欲试的创业家一拍即合，他们注意到腾讯尚未对外开放云计算平台，并预计腾讯短期内不会有开放计划，因此他们怀着满腔热血，开始着手创办一家对外提供云服务的企业。2012 年 3 月，季昕华、华琨与莫显峰正式创立了 UCloud（优刻得科技股份有限公司），并于同年 7 月实现 UCloud 云平台的上线运营。UCloud 自主研发并提供计算、网络、存储等 IaaS 和基础 PaaS 产品，以及大数据、人工智能等产品，通过公有云、私有云、混合云三种模式为用户提供服务。在公有云出现之前，传统 IT 服务模式需要每个独立的企事业单位自行建造计算机室和购买服务器，造成资源浪费和成本过高问题。而在公有云出现之后，公司可以自建或租赁机房，虚拟化后分成单个配置出租给用户，提高复用率。图 8-4 所示为 UCloud 的商业模式。UCloud 以公有云为核心，以 IaaS 和基础 PaaS 产品为主搭建起自己的商业模式。

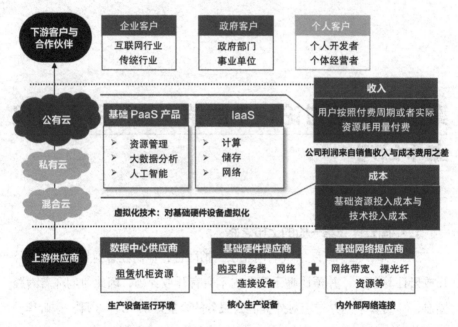

图 8-4　UCloud 的商业模式

2018 年年底，UCloud 率先加入科创板排队上市公司的队列，于 2019 年 4 月 1 日递交招股说明书。但或许是受到 UCloud 同股不同权结构的影响，此次 IPO 受理问询格外严谨，同一批次受理的其他企业早在 2019 年 7 月便成功上市，但 UCloud 仍然滞留在问询阶段。在长达五个月的问询期内，UCloud 经历了四轮问询，最后终于在 2019 年 9 月 27 日通过问询。而后 UCloud 便迅速进入注册登记阶段，但仍历时两个月才得以通过注册。直至 2020 年 1 月 20 日，UCloud 正式上市，成为中国云计算第一股，同时也是我国第一家同股不同权的上市公司。

2.UCloud 的特别表决权结构

2019 年 3 月，UCloud 正式通过特别表决权的议案，分设 A 类和 B 类普通股。A 类普通股拥有每股 5 份的表决权，是 B 类普通股拥有的表决权的 5 倍，A 类普通股共计 97 688 245 股，约占公司全部表决权的 64.71%。并且 A 类普通股仅创始人团队成员季昕华、华琨、莫显峰三人持有，旨在保护创始人团队对公司的实际控制权，保障公司可持续发展。UCloud 前五大股东在不同股权结构下的表决权差异如表 8-3 所示。

表 8-3　UCloud 前五大股东在不同股权结构下的表决权差异

同股同权结构				同股不同权结构				
排名	股东名称	持股比例	表决权	排名	股东名称	持股比例	持股类型	表决权
1	季昕华	13.96%	13.96%	1	季昕华	13.96%	A 类普通股	33.67%
2	君联博珩	10.29%	10.29%	2	莫显峰	6.44%	A 类普通股	15.52%
3	元禾优云	10.18%	10.18%	3	华琨	6.44%	A 类普通股	15.52%
4	莫显峰	6.44%	6.44%	4	君联博珩	10.29%	B 类普通股	4.96%
5	华琨	6.44%	6.44%	5	元禾优云	10.18%	B 类普通股	4.91%

问题讨论 1： UCloud 为何选择同股不同权结构上市？

问题讨论 2： UCloud 如何避免创始人持续拥有控制权的负面问题？

扫码即可查看
本章问题讨论答案

第 6 章

公司财务与公司
治理：财务信息如
何助力治理决策

一个案例引起的思考：
盈峰环境并购为何两步走

盈峰环境科技集团股份有限公司（以下简称"盈峰环境"）的前身是2000 年在深交所上市的上风高科，主要经营器械制造业务。图 9-1 列示了盈峰环境的发展时间线，2015 年起，公司开始进行战略转型，通过跨行业横向并购进入环保领域，利用四年时间完成对宇星科技、绿色东方、大盛环球、中联环境等一系列环保企业的并购，公司由此发展成为国内民营环保集团中总产值最大的企业。表 9-1 总结了盈峰环境系列并购事件概况，对中联环境的并购是盈峰环境涉足环保领域以来，基于战略布局的动因实施的十分重要的一次并购，对盈峰环境具有十分深远的意义，不仅让公司市值迅速翻番，而且总体上看，为盈峰环境带来了绩效方面的积极影响，公司经营状况得到了较大提升。

浙江上风实业成立	公司在深交所挂牌上市	美的集团成为上风高科第二大股东	盈峰控股上风高科	并购重组上虞专风风机	收购宇星科技成为唯一股东	收购绿色东方100%股权	收购大盛环球、明欢有限公司100%股权；收购亮科环保55%股权	收购顺控环投15%股权	收购中联环境成为唯一股东	发布智慧环卫"5115"战略	转让佛山盈通51%股权	拟拆分上风高科上市
1993 年 8 月	2000 年 3 月	2004 年 6 月	2006 年 2 月	2013 年 12 月	2015 年 3 月	2015 年 10 月	2016 年 7 月	2016 年 9 月	2018 年 7 月	2020 年 5 月	2021 年 3 月	2022 年 4 月

前期奠定基础：盈峰控股入驻
上风高科

实施战略转型，逐渐布局环境
监测、垃圾焚烧、水处理及生
态修复等环保领域

剥离及分析其他业务，
聚焦环卫服务 + 环卫装备业务

图 9-1　盈峰环境的发展时间线

表 9-1 盈峰环境系列并购事件概况

首次公告时间	被并购方	简称	交易对价	持股比例	主要业务
2015 年 3 月	宇星科技发展（深圳）有限公司	宇星科技	17 亿元	100%	环境监测
2015 年 10 月	深圳市绿色东方环保有限公司	绿色东方	1.01 亿元	100%	垃圾焚烧发电
2016 年 7 月	广东亮科环保工程有限公司	亮科环保	1.14 亿元	55%	污水处理及生态修复
2016 年 7 月	BIG BLOOM GLOBAL LIMITED	大励环球	1.40 亿元	100%	污水处理及生态修复
2016 年 7 月	SHINY JOYOUS LIMITED	明欢有限	2.94 亿元	100%	污水处理及生态修复
2016 年 9 月	广东顺控环境投资有限公司	顺控环投	1.32 亿元	15%	垃圾焚烧、污泥处理
2016 年 12 月	天健创新（北京）监测仪表股份有限公司	天健创新	0.2 亿元	20%	环境监测
2018 年 7 月	长沙中联重科环境产业有限公司	中联环境	152.5 亿元	100%	环卫装备领域、智能化及无人化环卫服务

盈峰环境系列并购共分为三个阶段，分别如下。

1. 第一阶段

第一阶段，中联环境母公司中联重科向盈峰环境母公司盈峰控股集团有限公司（下文简称"盈峰控股"）及其他三家机构出让中联环境 80% 股权，具体如表 9-2 所示。

表 9-2 第一阶段股权转让，中联重科出让中联环境股权

受让方	盈峰控股	粤民投盈联	弘创投资	绿联君和	合计
股权比例（%）	51	4	21.55	3.45	80
价格（亿元）	73.95	5.8	31.25	5	116

2. 第二阶段

第二阶段，盈峰控股向子公司宁波盈峰，及弘创投资向宁波系企业的股权转让，具体如表9-3所示。第二次并购后中联环境股权结构如图9-2所示。

表9-3 第二阶段股权转让情况

出让方	盈峰控股	弘创投资	弘创投资	弘创投资	合计
受让方	宁波盈峰	宁波盈太	宁波中峰	宁波联太	
股权比例（%）	51	2.05	2.01	1.94	57
价格（亿元）	73.95	3.01	2.95	2.85	82.76

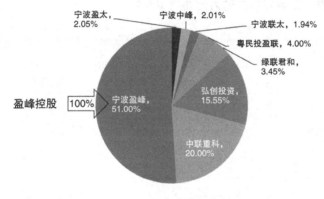

图9-2 第二次并购后中联环境股权结构

3. 第三阶段

第三阶段，盈峰环境以发行股份的方式并购中联环境100%股权。

2018年5月18日，盈峰环境首次发布公告，声称要并购中联环境所有股权，初步决定交易方式以发行股份为主。2018年7月17日，盈峰环境正式宣布并购中联环境100%股权，并购方式为向其原有股东宁波盈峰等8家企业增发股份，交易对价为152.50亿元。交易结束后，中联环境全部股权由盈峰环境持有并成为其全资子公司。图9-3展示了并购完成后盈峰环境的股权结构。

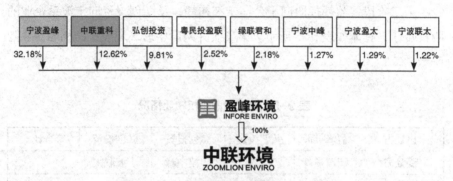

图 9-3　并购完成后盈峰环境的股权结构

注：图中显示的仅为盈峰环境主要大股东持股比例。

想一想：盈峰环境并购为何要两步走？

财务信息如何助力董事会决策

董事会决策的内容

《公司法》第四十六条对董事会职权（决策内容）作出了规定（见图9-4），董事会决策主要面向资金方（股东及债权人）和公司管理层两类群体。对于股东及债权人，董事会决策内容包括制订公司的利润分配方案和弥补亏损方案，制订公司增加或减少注册资本以及发行公司债券的方案等；对于公司管理层，董事会决策内容包括决定公司内部管理机构的设置，制订公司经营计划等。

对股东及债权人：
- 召集股东会会议，并向股东会报告工作
- 执行股东会的决议
- 制订公司的利润分配方案和弥补亏损方案
- 制订公司增加或者减少注册资本以及发行公司债券的方案
- 制订公司合并、分立、解散或者变更公司形式的方案

董事会决策

对管理层：
- 决定公司的经营计划和投资方案
- 制订公司的年度财务预算方案、决算方案
- 决定公司内部管理机构的设置
- 决定聘任或者解聘公司经理及其报酬事项，并根据经理的提名决定聘任或者解聘公司副经理、财务负责人及其酬事项
- 制定公司的基本管理制度

图9-4　董事会决策内容

财务信息助力制度决策、战略决策

1. 财务信息如何助力制度决策、战略决策制定

董事会与公司制度、整体战略相关的决策内容包括：修订公司章程；决定公司内部管理机构的设置；制订公司基本管理制度；制订公司合并、分立、解散或者变更公司形式的方案等。财务信息在董事会制度决策、战略决策过程中的作用机制为：财务信息可以直观反映公司历史的财务状况及经营成果，是历史决策在实际应用中的具体体现和反馈，辅助董事会对历史决策进行评估和修正。

2. 实践案例——盈峰环境并购中联环境

前文提到的盈峰环境并购中联环境案例，是典型的公司决定进入新行业而进行跨行业横向并购的战略决策案例。盈峰环境在 2016 年公司名称变更仪式上承诺：要在 2018 年实现净利润超 8 亿元，市值突破 300 亿元的发展目标。从短期来看，并购这一决策确实助力公司实现了业绩目标，公司在 2018 年并购中联环境后连续三年营收及利润情况表现良好，从短期结果来看，这是一次较为成功的战略决策。董事会在作出这一决策前，会根据已知的信息对公司先前的经营模式、经营绩效及行业未来发展前景、同行业其他公司的优劣势进行综合评估。财务信息作为重要的公开披露的可量化数据，在辅助董事会作出决策的过程中至关重要。例如，盈峰环境作出并购战略决策的重要参考因素是公司的经营绩效——净利润，除此之外，其他的财务指标如管理费用率可以作为评价公司内部管理机制是否合理、是否存在组织冗余及资源浪费的辅助指标。董事会可以根据相关的财务信息及其变化情况推测可能存在的问题，进而优化公司治理结构及管理制度。同样，在制定年度财务预算、决算时，历史的财务信息，如每一季度的收入与费用情况，无论是绝对数值还是相对增长率，都是重要的参照标准。

财务信息助力经营决策

1. 财务信息助力哪些经营决策

在公司经营层面，董事会相关的决策内容包括：审定公司年度经营计划、制订公司的年度财务预算方案及决算方案、制订公司中长期发展规划、进行日常经营决策等。对于公司年度计划及预算，财务信息的主要作用体现为：上一年的财务状况及营运情况可以为下一年公司经营计划和预算提供有力的参照。公司在经营中会面临各种各样的业务决策，例如是否关闭亏损的店铺、公司的资源是否支持开展新业务、目前的营销渠道和投入金额是否需要调整等。在决策的过程中，除了业务部门基于自身专业进行判断，也需要财务部门将业务规划转化为财务数据，提供直观的量化结果来展现决策可能导致的财务结果，从而帮助董事会、管理层和业务部门进行判断。

2. 财务信息如何助力经营决策

为了进行合理的衡量和评价，企业通常会设定各类绩效指标，通过量化的数据和非量化的定性指标来综合评估业务的经营成果。对于量化的绩效指标，通常需要以财务数据为依据。使用财务数据评价经营成果，是从第三方的角度来客观评价业务的情况，有助于业务部门理解业务数据与财务数据间的关系，也可以帮助董事会和管理层真正了解利润情况。此外，定期的财务分析报告还可以提示经营中存在的问题和风险，有助于相关部门及时进行沟通，一起寻求解决方案，避免后续产生更大的损失。

财务信息助力投资决策

1. 财务信息如何助力投资决策

在公司投资决策层面，董事会相关的决策内容包括：审定公司年度投资方案、制订公司重大投资决策及日常投资决策等。在资本市场中，投资者通过许多信息来判断公司价值，这些信息来源广泛、形式多样，但是所有可以用来衡量公司价值的真实可靠的信息归根结底都可通过公司公开披露的财务数据得出，主要通过盈余和现金流量信息来体现。在公司做投资决策的过程中，财务报表信息是衡量投资标的价值的重要依据，从对基础会计信息的理解、分析，到根据已有的财务信息对公司未来盈利状况、现金流入、营收及利润情况的预测，再到根据未来预测及市场平均水平选择相应指标对公司进行估值和定价，最后到作出投资决策，财务信息在这一过程中的作用不可忽视。

2. 公司估值的具体方法

对于拟进行投资的公司而言，财务信息起着重要的参考作用，公司可以通过对自身财务数据的分析来确定是否进行投资及投入多少资金。当资金较为紧张时，会倾向于选择投入金额较少、现金回收周期短的投资项目；当资金充足或预计未来有稳定现金流入时，会倾向于选择周期更长、高投入、高回报的项目。同样，公司也可以通过分析投资标的的财务信息来助力投资决策，评判项目是否值得投资。图 9-5 展示了利用财务信息进行公司估值的几种方法。

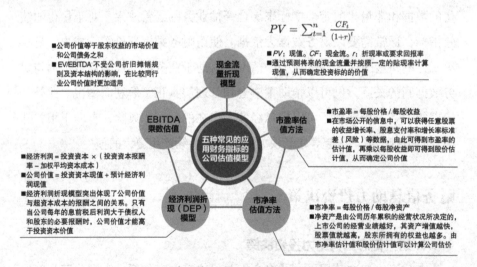

$$PV = \sum_{t=1}^{n} \frac{CF_t}{(1+r)^t}$$

■公司价值等于股东权益的市场价值和公司债务之和
■EV/EBITDA 不受公司折旧摊销规则及资本结构的影响，在比较同行业公司价值时更加适用

■*PV*: 现值。*CF*: 现金流。*r*: 折现率或要求回报率
■通过预测将来的现金流量并按照一定的贴现率计算现值，从而确定投资标的的价值

现金流量折现模型

市盈率估值方法

EBITDA 乘数估值

五种常见的应用财务指标的公司估值模型

■市盈率 = 每股价格 / 每股收益
■在市场公开的信息中，可以获得任意股票的收益增长率、股息支付率和增长率标准差（风险）等数据，由此可得到市盈率的估计值，再乘以每股收益即可得到股价估计值，从而确定公司价值

■经济利润 = 投资资本 ×（投资资本报酬率 – 加权平均资本成本）
■公司价值 = 投资资本现值 + 预计经济利润现值
■经济利润折现模型突出体现了公司价值与超资本成本的报酬之间的关系。只有当公司每年的息前税后利润大于对债权人和股东的必要报酬时，公司价值才能高于投资资本价值

经济利润折现（DEP）模型

市净率估值方法

■市净率 = 每股价格 / 每股净资产
■净资产是由公司历年累积的经营状况所决定的，上市公司的经营业绩越好，其资产增值越快，股票值就越高，股东所拥有的权益也越多。由市净率估计值和股价估计值可以计算公司估

图 9-5　利用财务信息进行公司估值的方法

财务信息助力融资决策

在公司融资决策层面，董事会相关的决策内容包括：制订公司增加或减少注册资本、发行债券方案；制订公司的利润分配方案和弥补亏损方案等。公司在进行融资决策时，目的是将融入的资金用于公司日常经营规模的扩张，从规模效应中获取经济收益，这一部分收益在偿还融入资金的成本后，剩余的部分将成为公司自身的价值，实现公司价值的最大化。这一过程中与财务信息相关的主要因素如下。

1. 融资规模

融资规模主要要考虑公司当前的资金缺口是多少，未来开展经营活动所需的资金，未来开展投资项目所需的资金等。

2. 融资成本

融资成本包括一次性的融资费用和融入资金的使用费用。融资费用是企业在进行筹资时发生的费用，比如向中介机构按筹资额一定比例支付中介费用，向咨询或法务人员支付服务费用等；使用费用是企业因为使用融资活动所得的资金，向资金提供者支付的报酬，比如利息费用、股息和红利等。采用不同形式融入资金，面临的风险不同，资金提供者对资金回报率的要求也不尽相同。

3. 资本结构

企业在融资时有多种资金来源可供选择，因此不同企业的资本来源比例是不同的。分析企业资本结构，主要分析的是债权资本和权益资本的构成比例。在财务报表中，资本结构一般用资产负债率来衡量，资产负债率较高，意味着企业的资金中来自股东的自有资金较少，更多的资金来自债务融资，在这种情况下就需要考虑如何降低财务风险；资产负债率较低，意味着企业的资金中大多数为所有者提供的资金，债务融资占比较小，这种情况下需要考虑如何更加合理地平衡资本结构，利用财务杠杆。一般高资产负债率常见于重资产行业，如房地产业等。企业在作出融资决策时，应当考虑如何安排股权融资及债权融资的比例，从而尽量降低资金使用成本，以充分调动各利益相关者积极性，实现企业价值最大化。

4. 融资期限

选择融资期限时，企业应当考虑资金用途和成本等因素。如果资金是用于满足企业短期使用需求，比如购置流动资产等，则选择短期融资，如商业信用、短期贷款等方式会更加合理。如果资金将用于长期投资或购置固定资产，所需资金数额大、资金占用时间长，则可选择长期融资，如租赁融资、发行债券等。

5. 融资方式

历史财务信息会影响企业融资方式的选择。例如，某股份有限公司想要在上交所通过公开发行股票来募集资金，根据《证券法》《首次公开发行股票并上市管理办法》《上海证券交易所股票上市规则》等，需要满足最近 3 个会计年度连续盈利，且累计净利润 >3 000 万元，经营活动现金流量净额累计 >5 000 万元，或营业收入累计 >3 亿元等条件。如果企业目前的杠杆率较低，在做融资决策时很可能会倾向于选择债务融资而非股权融资，通过加杠杆实现所有者利益最大化。

财务信息如何促进管理层激励

1. 财务信息与管理层激励

股东享有企业的所有权，但企业经营通常由管理层负责。股东和管理层之间会存在因目标不同而导致的利益冲突，股东希望股东利益最大化，而管理层的目标是企业和个人利益最大化，这种利益冲突会使得管理层为了满足自己的利益，做出不符合股东利益最大化的行为。比如，当企业规模扩大，自由现金流充足时，股东想获取更多的收益，往往希望获得更多分红，而管理层出于个人声誉和私利考虑，会倾向于将留存收益用于扩大企业规模，这样与股东的期望产生了偏差，也有可能将企业置于盲目扩张的处境中，使得企业利益受损。

针对股东与管理层的利益冲突，可以通过监督与激励的方法进行缓解。例如采用股权激励等方式，将管理层利益与股东利益绑定起来，从而使二者在目标上达成一致。由于管理层对企业经营的投入程度往往很难有效衡量，因此管理层激励制度通常以结果为导向，即根据财务报告所反映出的企业经营业绩及增长情况来衡量高级管理人员的工作业绩，再根据相关指标制定一定的标准，从而实现对高级管理人员的薪酬激励。

2. 财务信息辅助管理层激励的实践

我国企业的管理层激励模式在各个发展时期的特点有着显著的差异不同，在中华人民共和国成立初期，以计划经济为基本制度，在平均主义思想主导下，缺乏对高级管理人员的有效激励；改革开放以后，高级管理人员的收入逐步与企业的经营绩效相结合，财务信息在这一阶段被引入激励机制中，作为衡量企业绩效及高级管理人员工作绩效的重要标准。因此，企业在制定管理层激励制度时，所选择的财务会计指标是否能够真正增强管理层工作积极性，是管理层激励制度是否有效的重要评判标准。

国外对管理层激励制度的研究起步较早，所选择的财务会计指标也较为多元。在黄钰昌教授对管理层股权激励绩效指标的调查研究中，大样本数据[①]显示：美国上市公司使用频率最高的绩效指标为盈余类、市值类、资产回报类以及销售类指标；在近年的股权激励计划中，盈余类和资产回报类指标逐渐变少，市值类指标较频繁地出现。图9-6、图9-7展示了美国与我国此处及以后的相关表述指境内上市公司股权激励计划使用各类绩效指标的频率，国内上市公司股权激励计划绩效指标选择高度集中于净利润（增长率）、净资产收益率及主营收入（增长率）。在市场机制尚不完善的情况下，国内上市公司股权激励绩效指标较为单一，财务信息在管理层激励机制的制定和实施中起到的作用有待进一步加强。

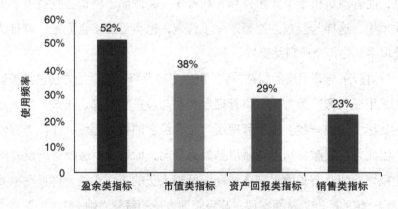

图 9-6　美国上市公司使用频率较高的绩效指标

---

① 样本包括 2006—2013 年 1 442 家美国上市公司披露的数据，以及 2006—2017 年国内上市公司（不包含在境外上市的企业）披露的 1 862 份股权激励计划。

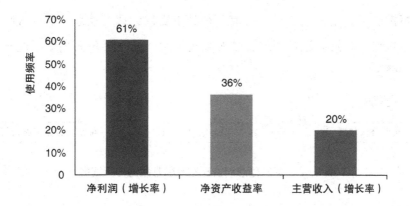

图 9-7　国内上市公司使用频率较高的绩效指标

3. 具体案例——万科的薪酬制度和伊利的股权激励方案

万科的高管薪酬由两部分组成，分别是年度即时现金薪酬和经济利润奖金（从 2010 年开始实施）。年度即时现金薪酬即当年直接向管理层发放的年薪，以董事会主席为例，董事会主席的年度即时现金薪酬与公司净利润增长幅度挂钩，以 15% 的增长幅度为标准。若净利润增长率超过 15%，现金薪酬总额 = 现金薪酬总额基数 ×（1+ 公司净利润增长率 −15%）；若净利润增长率大于 0 但未超过 15%，董事会主席的年度即时现金薪酬不增长；净利润增长率小于 0 时，董事会主席年度即时现金薪酬总额同比例下降。此薪酬体系的设计以净利润增长为核心指标。此外，为了更好地激发管理层的工作热情，推动公司整体发展，万科于 2010 年引入了基于经济利润的经济利润奖金制度。经济利润是超出社会平均资本回报率（10%）部分的利润。每一年度经济利润奖金以公司当年实现的经济利润作为业绩考核指标和提取或扣减基数，采取正负双向调节机制，按照 10% 的固定比例提取或返还。每年提取的经济利润奖金，在提取后的三年内属于递延封闭期。

万科的薪酬制度不仅考虑了净利润的增长率，也考虑了股东回报率超出社会平均水平的加成，虽然社会上对资本回报率的设置标准是否过低这一问题存在一些探讨，但是这种制度也为资本市场其他上市公司股权激励方案提供了一定的借鉴。财务信息在其中衡量管理层业绩、决定激励金额，起到了有效促进管理层激励方案实施的作用，图 9-8 列示了这一作用路径。

图 9-8　财务信息对管理层激励方案的作用路径

伊利分别于 2006 年、2016 年、2019 年披露了股权激励方案。这三次股权激励的间隔时间较长，随着市场环境和投资者要求的变化，伊利在财务指标的选择上不断优化，其股权激励是比较典型的股权激励案例。伊利 2006 年的股权激励方案使用净利润增长率和营业收入增长率作为行权条件，标准较为宽松，更偏向于福利；2016 年的股权激励方案将营业收入指标变为净资产收益率指标，对股东权益和企业价值提升层面的考虑更为全面；2019 年的股权激励方案在 2016 年的股权激励方案的基础上增加了现金分红比率这一指标，能够更好地维护股东利益。三次不断优化的股权激励方案在财务指标的选择方面存在一定的先进性，但在行权有效期和行权条件方面还存在着不足之处。伊利的股权激励方案的变革也为其他公司提供了借鉴和参考，具体指：在设定业绩考核条件时，对财务指标的要求不应当只局限于净利润和营业收入的增长，应当深入思考投资者和管理层的需求，以多维度财务指标为基础，辅以其他标准，来综合评判企业各个方面的价值增长。（详见后文案例分析与讨论：伊利三次股权激励方案所选择的会计指标变更）

财务信息如何维护外部使用者利益

财务信息的外部使用者主要如下。

①投资者，是企业财务报告的首要使用者，其他使用者的需要服从于投资者的需要。

②债权人，作为债权人的银行或其他金融机构，通过分析企业的偿债能力衡量贷款风险，作出贷款决策。

③政府及有关部门，通过制定宏观调控和管理措施，进行税收征管、调节国民经济、促进资源合理配置，保证国民经济发展规划的顺利实施。

④社会公众，了解企业产品质量、价格变动情况、企业在同行业中所处地位、企业所承担的社会责任及其信誉情况，监督企业生产经营活动，保护自身合法权益。

监管机构通过财务信息监督企业合规运营，维护公众利益

在我国，监管上市公司的行政主管部门主要有以下几类。

①当地政府、发改委等政府部门，主要负责对企业市场经营、企业项目等问题的监管。

②证监会，负责监督管理企业首次公开发行股票、发行新股、发行债券等业务，证监会内部又设置有很多细分部门，负责监管上市公司的细分业务。

③交易所，如深圳证券交易所、上海证券交易所，主要负责上市公司

的日常监管、信息披露等。

国家行政管理机关，如国家市场监督管理总局、税务局、统计局等会通过阅读财务报告了解企业经营状况、财务状况、税金缴纳情况等， 从而为国家进行宏观经济调控提供决策信息。

证监会监督公司财务信息披露状况，每年开展年报抽样审阅工作，发布年度审阅报告，对上市公司年报披露工作的执行情况作出评判和总结，提示存在的问题和风险，适时以发布监管规则适用指引等形式，明确监管标准，稳妥做好上市公司财务信息披露监管等工作。此外，若上市公司出现经营情况异常或股票交易异动，证监会交易中心会发送问询函，要求上市公司在规定时间内书面回函并公开披露，目的是促使上市公司对经营及资本运作过程中的异常问题作出解释，以有效地保护中小投资者利益。

为进一步提高上市公司财务信息披露质量，保护投资者的合法权益，除国家相关法律法规及会计准则规定之外，上交所、深交所还会制定信息披露工作指引，如《深圳证券交易所上市公司信息披露指引》《上海证券交易所上市公司自律监管指引》等，对信息披露要求进一步明确和细化，完善信息披露规则体系建设，对企业财务报告内容与格式进行自律规范，从而更好地维护投资者利益。

中小投资者通过财务信息了解企业运营状况，作出投资决策

根据投资者所持有的股权比重和对股价的操控能力，一般会将投资者分为大股东和中小投资者。一般情况下，中小投资者所持有的股份数量少，在企业的投资决策中几乎没有发言权，或者对投资决策的影响微乎其微，因此中小投资者一般只能根据自身对企业的判断，选择是否买入/卖出股票。由于信息的不对称性，中小投资者在市场上属于弱势群体，中小投资者的利益可能会被企业大股东所侵占。上市公司合规且充分的财务信息披露在一定程度上可以抑制这种问题的产生。股票市场中与企业价值相关的信息来源广泛，形式多样，但所有的与企业价值相关的信息最终都要通过

财务报表，通过会计盈余和现金流量信息来体现。财务报表信息是外部使用者对企业过去、现在或者未来的情况作出评价或者预测的重要信息来源，可以辅助投资者作出更加合理的投资决策。

债权人通过财务信息了解企业偿债风险和作出信贷决策

1. 债权人如何通过财务信息了解企业风险

债权人为企业提供信贷融资所能获得的收益是固定的，但是若上市公司因经营不善而宣布破产，由于股东只承担有限责任，债权人很有可能无法收回全部本金，这就使得债权人往往非常关注企业的负债水平，以确保自身资金的安全。若企业的资产负债率大于 50%，意味着在企业的资金来源中，股东提供的自有资金（股东权益总额）已经小于企业从债权人处获得的贷款金额（负债总额），在企业发生亏损或者经营困难时很容易出现资不抵债的情况。为了保证债权的安全，在作出借贷决策之前，资金的提供方会通过分析企业的财务信息了解企业经营状况的可持续性，如了解经营活动现金流量净额及增长率，判断现金流入流出是否稳定，以同行业企业的经营状况作为参照，分析企业现有的资源及未来经营的优势，通过财务报表呈现出的财务逻辑简单判断企业是否存在财务造假可能。债权人进行以上分析主要是为了衡量企业未来的盈利能力和稳健性，从而确保自己可以按时收回本金和利息。

2. 债权人应当重点关注的财务信息

对不同期限的债务，债权人所关注的财务指标不尽相同。短期债务的债权人倾向于关注企业的短期财务状况，比如企业短期账面资金的充足程度、短期资产的流动性和存货周转率等；对企业长期现金流的稳定性和增长的关注度较低，而这正是长期债权人更加关注的内容。从企业持续经营的视角来看，企业未来的持续盈利能力是企业履行债务人义务的保障，因此长期债权人侧重于分析企业未来的盈利能力和现金流量。

综上所述，无论是企业现在还是潜在的投资者、债权人，为了作出合理的投资和信贷决策，必须对企业的财务信息进行全面了解和分析，评判企业的财务状况和经营成果，而财务信息在这一过程中起到帮助投资者和贷款人进行合理决策的作用；监管机构、政府部门通过企业所披露的财务信息制定宏观调控和管理措施，促进资源合理配置，监督企业合规运营，从而维护社会公众利益。

财务信息维护外部使用者利益的案例——康美药业造假案

从前述关于康美药业的案例介绍中，我们可以很明确地看到各方对财务信息的应用。公众媒体通过结合历史财务信息与公司经营情况，发布质疑文章，对公司进行舆论层面监管；证监会通过审阅公司年报和季报、核查信息披露情况、发放问询函、组织人员开展调查等方式，对公司是否存在通过财务造假损害投资者利益的问题进行核查和处罚；中小投资者通过阅读公开信息及财务数据，作出卖出公司股票这一投资决策，使公司股价进一步下跌；司法机构在证监会认定的基础上，进一步对公司主要负责人及审计机构作出判罚，最大限度地维护投资者利益。以上各方的决策，均是依据公司财务信息的逻辑自洽，结合公司实际经营状况得出的结论。监管机构及司法机构对企业、企业控制人、企业大股东、审计机构利用内外部信息差异获利的行为所进行的监督或作出的处罚，最终目的是维护企业外部使用者利益。

对盈峰环境并购中联环境
两步走问题的解答

1. 减少并购商誉的确认

此次并购，盈峰环境确认了 57.14 亿元商誉，与中联环境增值金额相比有很大差距，原因在于采取了分次并购方法。在 2017 年 5 月，宁波盈峰实现控股中联环境时，宁波盈峰的最终控制方盈峰控股按照会计准则的相关要求，确认了 57.14 亿元的商誉。由于宁波盈峰和盈峰环境在第二次并购前，已经同被盈峰控股控制，属于同一控制下的企业合并，按照我国会计准则的规定，合并方盈峰环境应以被合并方中联环境被最终控制方盈峰控股实施控制之日的账面价值作为计量基础，进行相应会计处理。由于第一次并购后，盈峰控股已经达成对中联环境实施控制的条件，因此，第二次并购不再产生新的商誉。

2. 避免触碰借壳上市红线

盈峰环境此次的并购方案十分巧妙，如直接由盈峰环境一次性从中联重科手中收购中联环境 100% 的股权，对盈峰环境来说有很大的困难。当时中联环境的估值是盈峰环境净资产的近 4 倍，且中联环境的母公司中联重科在寻求收购方时，主要想通过出售环保产业板块，获取流动性资金以解决企业面临的债务风险问题，因此，现金对价在收购中联环境时要占支付对价总额很大比重。盈峰环境一方面无法在短期获得大量资金，另一方面又担心以发行股份支付对价可能触碰借壳上市红线。于是，盈峰环境采用两次并购法解决了上述问题：先由控股股东和几家创投公司共同收购中联环境 80% 的股权，并以担保（质押）方式从民生银行贷款 44 亿元现金用以支付现金对价，最终以 116 亿元成功收购中联环境 80% 股权，其中宁波盈峰作为盈峰控股的子公司取得了中联环境 51% 的股权；之后通过定增方式，向包括宁波盈峰、中联环境在内的 8 个股东收购中联环境共计 100% 股权，盈峰环境的实际控制人并未因此次并购发生变化。此外，第二次并购时盈峰环境完全以股份作为支付对价，使得并购后盈峰环境的资产负债率下降，长期偿债能力得到提升，减少了财务杠杆风险，同时也减少了商誉。

案例分析与讨论：伊利三次股权
激励方案所选择的会计指标变更

伊利于 1996 年在上交所上市，是我国第一家在 A 股上市的乳制品公司。自 2002 年股权激励在我国政策层面正式出台后，伊利分别于 2006 年、2014 年、2016 年、2019 年共进行了四次股权激励，但有关 2014 年的员工持股计划，伊利并未对外详细披露奖励条件，因此后文主要针对伊利 2006 年、2016 年、2019 年三次股权激励方案展开讨论。

1. 第一次股权激励方案

伊利 2006 年的第一次股权激励方案的有效期长达 8 年，涵盖了 32 名激励对象，主要为公司高级管理人员，用于激励的股份数量为 5 000 万股，约占当时伊利股份的 9.68%，具体激励对象为公司总裁潘刚（激励股份占总股份的 2.90%）、董事会秘书胡利平（激励股份占总股份的 0.97%）、财务负责人赵成霞（激励股份占总股份的 0.97%）、总裁助理刘春海（激励股份占总股份的 0.97%）、其他 29 位业务骨干（激励股份占总股份的 3.87%）。行权条件为：①完成上一年度绩效考核指标，且激励对象不得出现有损公司利益的违规行为；②首期行权时，公司净利润增长率不得低于 17%，主营业务收入增长率不得低丁 20%；③非首期行权，公司主营业务收入相比于 2005 年的复合增长率不得低于 15%。行权封锁期为一年。图 9-9 及图 9-10 展示了实施第一次股权激励前伊利的财务指标情况。

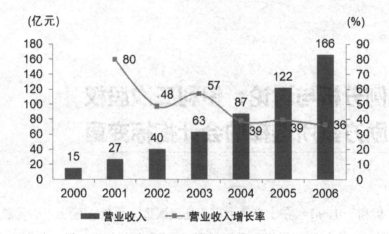

图 9-9　2000—2006 年伊利营业收入及
营业收入增长率

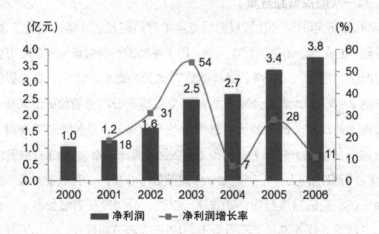

图 9-10　2000—2006 年伊利净利润及
净利润增长率

2. 第二次股权激励方案

2016 年，针对核心工作人员，伊利推出了第二次股权激励方案。吸取了第一次股权激励方案的经验，本次股权激励的激励对象并不包含中高级管理人员，采用复合激励的方式，将 4 500 万份股票期权（约占当时公司总股本的 0.74%）以及 1 500 万份限制性股票（约占当时公司总股本的 0.25%）授予 294 位核心员工，具体行权条件为：①完成上一年度绩效考核指标，且激励对象不得出现有损公司利益的违规行为；②以 2015 年的净利润为基准，第一个解封期期间（2017 年）净利润增长率不低于 30%（年化净利润增长率为 14%）；③以 2015 年的净利润为基准，第二个解封期期间（2018 年）净利润增长率不低于 45%（年化净利润增长率为 13%）；④两个解封期内的净资产收益率不得低于 12%。图 9-11 及图 9-12 展示了实施第二次股权激励前伊利的财务指标情况。

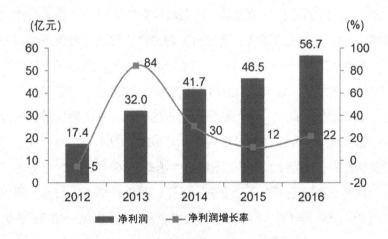

**图 9-11 2012—2016 年伊利净利润及
净利润增长率**

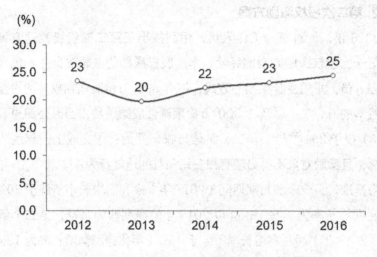

图 9-12　2012—2016 年伊利净资产收益率

3. 第三次股权激励方案

2019 年 10 月，伊利公布第三次股权激励方案，为了提高企业内部管理效率、稳定核心员工团队、激发员工创造性，将激励对象范围进一步扩大，共包含 475 名核心员工以及 5 名高级管理人员，采用了限制性股票激励的方式，激励股权数量约为伊利股本总数的 3%，行权期五年，是三次股权激励中激励范围最大、激励股份数最多的一次。本次股权激励的行权条件为：①完成上一年度绩效考核指标，且激励对象不得出现有损于公司利益的违规行为；②以 2018 年的净利润为基准，2019—2023 年五个解锁期的净利润增长率分别不得低于 8%、18%、28%、38%、48%（即年化净利润增长率 8%、8.6%、8.6%、8.4%、8.2%）；③ 2019—2023 年每个解锁期内，净资产收益率不得低于 20%，现金分红比率不得低于 70%。图 9-13 及图 9-14 展示了实施第三次股权激励前伊利的财务指标情况。

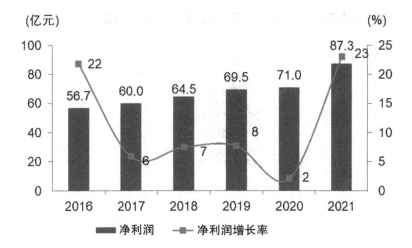

图 9-13　2016—2021 年伊利净利润及净利润增长率

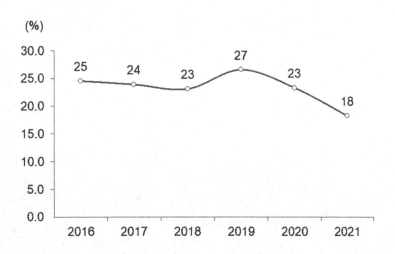

图 9-14　2016—2021 年伊利净资产收益率

问题讨论 1：伊利三次股权激励的背景有何不同？

问题讨论 2：财务信息在三次股权激励方案中的应用有何不同？

扫码即可查看
本章问题讨论答案